Kuhanje sous-vide

Sestavljanje okusnih in sočnih jedi z enostavnim kuharskim procesom

Danica Petek

Kazalo

Sladko-kisla piščančja krila 9
Citrusne piščančje prsi 11
Piščanec, polnjen z artičokami 13
Hrustljav zavitek s piščančjo slanino 14
Piščanec s sušenimi paradižniki 15
Zelenjavni piščanec s sojino omako. 17
Piščančja solata z lešniki na kitajski način 19
Piščančje kosilo s papriko 21
Piščančja enolončnica z rožmarinom 22
Hrustljav piščanec z gobami 23
Zeliščni piščanec z jedjo Butternut Squash 25
Cilantro piščanec z omako iz arašidovega masla 27
Piščančja in porova enolončnica 29
Gorčične piščančje krače 31
Sirna piščančja solata s čičeriko 33
Piščanec s sirom v plasteh 35
Piščanec na kitajski način 37
Piščančje mesne kroglice z origanom 38
Cornish kokoš z rižem in jagodami 40
Chessy zvit piščanec 42
Solata s piščancem in grahom 44
Zeliščni piščanec z gobovo smetanovo omako 46
Hrustljav ocvrt piščanec 48
Zelena piščančja solata z mandlji 50

Mlečni kokosov piščanec 52
Rimska jed s slanino in piščancem 54
Solata s češnjevimi paradižniki, avokadom in piščancem 55
Čili piščanec 57
Piščančja krila z okusom medu 59
Zeleni piščančji kari z rezanci 61
Pesto piščančji mini grižljaji z avokadom 63
Piščančje kroglice s sirom 65
Puranji burgerji s sirom 67
Puran, polnjen s slanino in orehi, ovit v šunko 69
Caesar Solata Tortilla Rolls s Turčijo 71
Puranova rulada iz žajblja 73
Turčija prsa timijana 75
Burgerji s puranjimi mesnimi kroglicami s pestom 76
Puranje prsi z orehi orehi 78
Začimbna puranova jed 79
Puran v pomarančni omaki 80
Timijan in rožmarin Puranje krače 82
Puranje prsi s klinčki 84
Puranje prsi s koprom in rožmarinom 85
Pečena sladka raca 86
Timijanovi račji kruhki t 88
Oranžni gosji konfit 89
Sirne testenine z limoninimi kozicami 91
Morska plošča s sladkim šerijem in miso glazuro 93
Hrustljavi losos s sladko ingverjevo glazuro 95
Citrusne ribe s kokosovo omako 97

Vahnja, poširana z limeto in peteršiljem 99
Hrustljava tilapija z gorčično-javorjevo omako 101
Gorčična mečarica 103
Začinjene ribje tortilje 104
Zrezki bazilike tune 106
Mečarica in krompirjeva solata z olivami Kalamata 108
Dimljeni losos 110
Sladke maslene pokrovače s panceto 112
Linguine s čilijem in limono 114
Rakovo meso z limetino masleno omako 116
Hitri losos na severni način 117
Okusna postrv z gorčico in tamari omako 118
Sezamova tuna z ingverjevo omako 119
Božanski česnovo-limonini zvitki z rakovico 121
Začinjena ožgana hobotnica z limonino omako 123
Kreolski ražnjiči s kozicami 125
Kozica s pikantno omako 127
Morski list s šalotko in pehtranom 128
Zeliščno maslo Limona Trska 130
Škrnja z Beurre Nantais 132
Tunini kosmiči 134
Pokrovače na maslu 135
Minty sardine 136
Orada v belem vinu 137
Solata iz lososa in ohrovta z avokadom 138
Ingverjev losos 140
Školjke v svežem limetinem soku 141

Z zelišči marinirani tunini zrezki ... 142
Polpete iz rakovega mesa ... 144
Chili Smelts ... 146
Marinirani fileji soma ... 148
Peteršiljeve kozice z limono ... 150
Sous Vide morska plošča ... 151
Podplat z limoninim maslom ... 153
Enolončnica iz bazilike ... 155
Enostavna tilapija ... 156
Losos s šparglji ... 157
Curry Skuša ... 158
Lignji z rožmarinom ... 159
Ocvrte limonine kozice ... 160
Žar hobotnica ... 161
Zrezki divjega lososa ... 163
Enolončnica iz tilapije ... 164
Maslene školjke s poprovimi zrni ... 166
Cilantro postrv ... 168
Obročki lignjev ... 169
Čilijeva solata s kozicami in avokadom ... 170
Masleni rdeči hlastač z omako citrusnega žafrana ... 172
File polenovke v sezamovi skorjici ... 174
Kremni losos s špinačo in gorčično omako ... 176
Paprikaste pokrovače s svežo solato ... 178
Okusne pokrovače z mangom ... 180
Por in kozica z gorčično vinaigrette ... 182
Kokosova juha s kozicami ... 184

Medeni losos z rezanci Soba 186
Gurmanski jastog z majonezo 188
Party koktajl s kozicami 190
Herby limonin losos 192
Slani masleni repki jastoga 194
Tajski losos s cvetačo in jajčnimi rezanci 195
Lahki brancin s koprom 197
Cvrtje s kozicami sladkega čilija 198
Sadna tajska kozica 200
Jed z limoninimi kozicami v dublinskem slogu 202
Sočne pokrovače s čili česnovo omako 204
Curry kozica z rezanci 206
Okusna kremasta polenovka s peteršiljem 207
Francoski Pot de Rillettes z lososom 209
Žajbljev losos s kokosovim krompirjevim pirejem 210
Dill Baby Octopus Bowl 212
Slani losos v holandski omaki 213
Čudovit limonin losos z baziliko 215
Jajčni grižljaji z lososom in špargiji 217
Garlicky gorčična kozica 219
Okusna sirnata rižota z jastogom 221
Lahka vegetarijanska fritaja 223
Sendvič z avokadom in jajcem 225

Sladko-kisla piščančja krila

Čas priprave + kuhanja: 2 uri 15 minut | Obroki: 2

Sestavine

12 piščančjih kril
Sol in črni poper po okusu
1 skodelica mešanice piščančjega cvrtja
½ skodelice vode
½ skodelice tamari omake
½ mlete čebule
5 strokov česna, mletega
2 žlički ingverja v prahu
2 žlici rjavega sladkorja
¼ skodelice mirina
Sezamovo seme za okras
Gnojnica iz koruznega škroba (zmešana 1 žlica koruznega škroba in 2 žlici vode)
Oljčno olje za cvrtje

Navodila

Pripravite vodno kopel in vanjo postavite Sous Vide. Nastavite na 147 F.

Piščančje peruti položite v vrečko, ki jo je mogoče vakuumsko zapreti, ter jih začinite s soljo in poprom. Izpustite zrak z metodo izpodrivanja vode, zaprite in vrečko potopite v vodno kopel. Kuhajte 2 uri. Ko se časovnik ustavi, odstranite vrečko. Segrejte ponev z oljem.

V skledi zmešajte 1/2 skodelice mešanice za cvrtje in 1/2 skodelice vode. Preostalo mešanico za cvrtje vlijemo v drugo skledo. Krila namočite v mokro mešanico, nato v suho mešanico. Pražimo 1-2 minuti, dokler niso hrustljavi in zlato rjavi.

Za omako segrejte ponev in prelijte vse sestavine; kuhajte do mehurčkov. Vmešajte perutnice. Potresemo s sezamovimi semeni in postrežemo.

Citrusne piščančje prsi

Čas priprave + kuhanja: 3 ure | Obroki: 2

Sestavine

1½ žlice sveže iztisnjenega pomarančnega soka

1½ žlice sveže iztisnjenega limoninega soka

1½ žlice rjavega sladkorja

1 žlica Pernod

1 žlica oljčnega olja

1 žlica celih zrn

1 žlička semen zelene

Sol po okusu

¾ žličke črnega popra

2 piščančji prsi, s kostjo, s kožo

1 koromač, obrezan, narezan

2 klementini, neolupljeni in narezani

Sesekljan koper

Navodila

Pripravite vodno kopel in vanjo postavite Sous Vide. Nastavite na 146 F.

V skledi zmešajte limonin sok, pomarančni sok, pernod, olivno olje, semena zelene, rjavi sladkor, gorčico, sol in poper. Dobro premešaj. Piščančje prsi, narezano klementino in narezan koromač položite v vrečko, ki jo je mogoče vakuumsko zapreti. Dodajte pomarančno mešanico. Izpustite zrak z metodo izpodrivanja vode, zaprite in vrečko potopite v vodno kopel. Kuhajte 2 uri in 30 minut. Ko se časovnik ustavi, odstranite vrečko in prenesite vsebino v skledo. Piščanca odcedimo in damo kuhan sok v segreto ponev.

Kuhajte približno 5 minut, dokler ne nastanejo mehurčki. Odstranite in položite v piščanca. Kuhajte 6 minut do rjave barve. Piščanca serviramo na krožnik in ga prelijemo z omako. Okrasite z listi kopra in koromača.

Piščanec, polnjen z artičokami

Čas priprave + kuhanje: 3 ure 15 minut | Obroki: 6

Sestavine:

2 funta fileja piščančjih prsi, narezanega na metulja
½ skodelice sesekljane mlade špinače
8 strokov česna, strtih
10 srčkov artičok
Sol in beli poper po okusu
4 žlice olivnega olja

navodila:

V sekljalniku zmešajte artičoke, poper in česen. Mešajte, dokler ni popolnoma gladka. Ponovno premešajte in postopoma dodajte olje, dokler se dobro ne premeša.

Vsako prsi nadevajte z enako količino mešanice artičok in sesekljane mlade špinače. Prsni file zložite nazaj skupaj in pritrdite rob z lesenim nabodalom. Začinite s soljo in belim poprom ter prenesite v ločene vrečke, ki jih je mogoče vakuumsko zapreti. Zaprite vrečke in kuhajte en Sous Vide 3 ure pri 149 F.

Hrustljav zavitek s piščančjo slanino

Čas priprave + kuhanja: 3 ure 15 minut | Obroki: 2

Sestavine

1 piščančja prsa
2 trakova pancete
2 žlici dijonske gorčice
1 žlica naribanega sira Pecorino Romano

Navodila

Pripravite vodno kopel in vanjo postavite Sous Vide. Nastavite na 146 F. Piščanca pomešajte s soljo. Marinada z dijonsko gorčico na obeh straneh. Prelijte s sirom Pecorino Romano in ovijte panceto okoli piščanca.

Postavite v vrečko, ki jo je mogoče vakuumsko zapreti. Izpustite zrak z metodo izpodrivanja vode, zaprite in vrečko potopite v vodno kopel. Kuhajte 3 ure. Ko se časovnik ustavi, odstranite piščanca in ga posušite. Na srednjem ognju segrejte ponev in pražite, dokler ne postane hrustljava.

Piščanec s sušenimi paradižniki

Čas priprave + kuhanje: 1 ura 15 minut | Obroki: 3

Sestavine:

1 funt piščančjih prsi brez kože in kosti
½ skodelice posušenih paradižnikov
1 žlička surovega medu
2 žlici svežega limoninega soka
1 žlica sveže mete, drobno sesekljane
1 žlica mlete šalotke
1 žlica oljčnega olja
Sol in črni poper po okusu

navodila:

Piščančje prsi oplaknemo pod hladno tekočo vodo in osušimo s kuhinjskim papirjem. Dati na stran.

V srednje veliki skledi zmešajte limonin sok, med, meto, šalotko, oljčno olje, sol in poper. Mešajte skupaj, dokler ni dobro vključeno. Dodamo piščančje prsi in posušene paradižnike. Pretresite, da se vse dobro prekrije. Vse prenesite v veliko vrečko, ki jo je mogoče vakuumsko zapreti. Pritisnite vrečko, da odstranite zrak in zaprite pokrov. Kuhajte en Sous Vide 1 uro pri 167 F. Odstranite iz vodne kopeli in takoj postrezite.

Zelenjavni piščanec s sojino omako.

Čas priprave + kuhanje: 6 ur 25 minut | Obroki: 4

Sestavine

1 cel piščanec s kostmi, namotan

1-litrska piščančja juha z nizko vsebnostjo natrija

2 žlici sojine omake

5 vejic svežega žajblja

2 posušena lovorova lista

2 skodelici narezanega korenja

2 skodelici narezane zelene

½ oz posušenih gob

3 žlice masla

Navodila

Pripravite vodno kopel in vanjo postavite Sous Vide. Nastavite na 149 F.

Zmešajte sojino omako, piščančjo osnovo, zelišča, zelenjavo in piščanca. Postavite v vrečko, ki jo je mogoče vakuumsko zapreti. Izpustite zrak z metodo izpodrivanja vode, zaprite in vrečko potopite v vodno kopel. Kuhajte 6 ur.

Ko se časovnik ustavi, odstranite piščanca in odcedite zelenjavo. Posušite s pekačem. Začinimo z olivnim oljem, soljo in poprom. Pečico segrejte na 450 F. in pecite 10 minut. V ponvi zmešajte sok od kuhanja. Odstavimo z ognja in zmešamo z maslom. Piščanca brez kože narežite in začinite s košer soljo in mletim črnim poprom. Postrežemo v krožniku. Prelijemo z omako.

Piščančja solata z lešniki na kitajski način

Čas priprave + kuhanje: 1 ura 50 minut | Obroki: 4

Sestavine

4 velike piščančje prsi brez kože in kosti
Sol in črni poper po okusu
¼ skodelice medu
¼ skodelice sojine omake
3 žlice arašidovega masla, stopljenega
3 žlice sezamovega olja
2 žlici rastlinskega olja
4 žličke kisa
½ žličke dimljene paprike
1 glava solate ledenke, natrgana
3 čebulice, sesekljane
¼ skodelice naribanih lešnikov, opečenih
¼ skodelice sezamovih semen, opečenih
2 skodelici wonton trakov

Navodila

Pripravite vodno kopel in vanjo postavite Sous Vide. Nastavite na 152 F.

Piščanca pomešajte s soljo in poprom ter ga položite v vrečko, ki jo je mogoče vakuumsko zapreti. Izpustite zrak z metodo izpodrivanja vode, zaprite in vrečko potopite v vodno kopel. Kuhajte 90 minut.

Medtem zmešajte med, sojino omako, arašidovo maslo, sezamovo olje, rastlinsko olje, kis in papriko. Mešajte do gladkega. Pustite, da se ohladi v hladilniku.

Ko se časovnik ustavi, odstranite piščanca in ga osušite s kuhinjsko brisačo. Zavrzite kuhalne sokove. Piščanca narežemo na drobne rezine in prestavimo v solatno skledo. Dodamo solato, mlado čebulo in lešnike. Prelijemo s prelivom. Okrasite s sezamovimi semeni in wonton trakovi.

Piščančje kosilo s papriko

Čas priprave + kuhanje: 1 ura 15 minut | Obroki: 2

Sestavine

1 piščančja prsa brez kosti, prepolovljena
Sol in črni poper po okusu
Popramo po okusu
1 žlica paprike
1 žlica česna v prahu

Navodila

Pripravite vodno kopel in vanjo postavite Sous Vide. Nastavite na 149 F. Piščanca odcedite in posušite s pekačem. Začinite s česnom v prahu, papriko, poprom in soljo. Postavite v vrečko, ki jo je mogoče vakuumsko zapreti. Izpustite zrak z metodo izpodrivanja vode, zaprite in potopite v vodno kopel. Kuhajte 1 uro. Ko se časovnik ustavi, odstranite piščanca in postrezite.

Piščančja enolončnica z rožmarinom

Čas priprave + kuhanje: 4 ure 15 minut | Obroki: 2

Sestavine

2 piščančja bedra
6 strokov česna, strtih
¼ žličke celega črnega popra
2 lovorjeva lista
¼ skodelice temne sojine omake
¼ skodelice belega kisa
1 žlica rožmarina

Navodila

Pripravite vodno kopel in vanjo postavite Sous Vide. Nastavite na 165 F. Piščančja stegna zmešajte z vsemi sestavinami. Postavite v vrečko, ki jo je mogoče vakuumsko zapreti. Izpustite zrak z metodo izpodrivanja vode, zaprite in potopite v vodno kopel. Kuhajte 4 ure.

Ko se časovnik ustavi, odstranite piščanca, zavrzite lovorjev list in prihranite sok od kuhanja. V ponvi na zmernem ognju segrejte olje oljne repice in prepražite piščanca. Dodajte sok za kuhanje in kuhajte, dokler ne dosežete želene gostote. Precedite omako in nanjo položite piščanca.

Hrustljav piščanec z gobami

Čas priprave + kuhanje: 1 ura 15 minut | Obroki: 4

Sestavine

4 piščančje prsi brez kosti
1 skodelica panko krušnih drobtin
1 funt narezanih gob Portobello
Majhen šopek timijana
2 jajci
Sol in črni poper po okusu
Canola olje po okusu

Navodila

Pripravite vodno kopel in vanjo postavite Sous Vide. Nastavite na 149 F.

Piščanca položite v vrečko, ki jo je mogoče vakuumsko zapreti. Začinimo s soljo in timijanom. Izpustite zrak z metodo izpodrivanja vode, zaprite in potopite v vodno kopel. Kuhajte 60 minut.

Medtem na srednjem ognju segrejte ponev. Gobe kuhamo toliko časa, da voda izhlapi. Dodajte 3-4 vejice timijana. Začinimo s soljo in poprom. Ko se časovnik ustavi, odstranite vrečko.

Na srednjem ognju segrejte ponev z oljem. Panko zmešajte s soljo in poprom. Piščanca položite v mešanico panko. Cvremo 1-2 minuti na vsako stran. Postrezite z gobami.

Zeliščni piščanec z jedjo Butternut Squash

Čas priprave + kuhanje: 1 ura 15 minut | Obroki: 2

Sestavine

6 piščančjih filejev

4 skodelice maslene buče, narezane na kocke in pražene

4 skodelice rukole

4 žlice narezanih mandljev

Sok 1 limone

2 žlici olivnega olja

4 žlice rdeče čebule, sesekljane

1 žlica paprike

1 žlica kurkume

1 žlica kumine

Sol po okusu

Navodila

Pripravite vodno kopel in vanjo postavite Sous Vide. Nastavite na 138 F.

Piščanca in vse začimbe položite v vrečko, ki jo je mogoče vakuumsko zapreti. Izpustite zrak z metodo izpodrivanja vode, zaprite in potopite v vodno kopel. Kuhajte 60 minut.

Ko se časovnik ustavi, odstranite vrečko in prenesite piščanca v vročo ponev. Pražite 1 minuto na vsako stran. V skledi zmešajte preostale sestavine. Piščanca postrezite s solato.

Cilantro piščanec z omako iz arašidovega masla

Čas priprave + kuhanje: 1 ura 40 minut | Obroki: 2

Sestavine

4 piščančje prsi
1 vrečka mešane solate
1 šopek cilantra
2 kumari
2 korenčka
1 paket wonton ovojev
Olje za cvrtje
¼ skodelice arašidovega masla
Sok 1 limete
2 žlici sesekljanega cilantra
3 stroki česna
2 žlici svežega ingverja
½ skodelice vode
2 žlici belega kisa
1 žlica sojine omake
1 žlička ribje omake
1 žlička sezamovega olja
3 žlice repičnega olja

Navodila

Pripravite vodno kopel in vanjo postavite Sous Vide. Nastavite na 149 F. Piščanca začinite s soljo in poprom ter ga položite v vrečko, ki jo je mogoče vakuumsko zapreti. Izpustite zrak z metodo izpodrivanja vode, zaprite in vrečko potopite v vodno kopel. Kuhajte 60 minut. Sesekljajte kumare, koriander in korenje ter jih zmešajte s solato.

Segrejte lonec na 350 F. in napolnite z oljem. Wonton zavitke narežemo na kose in jih hrustljavo popečemo. V kuhinjski robot dajte arašidovo maslo, limetin sok, svež ingver, koriander, vodo, beli kis, ribjo omako, sojino omako, sezamovo in repično olje. Mešajte do gladkega.

Ko se časovnik izteče, odstranite piščanca in ga prenesite v vročo ponev. Pečemo 30 sekund na vsako stran. Wontonove trakove zmešajte s solato. Piščanca narežemo. Postrežemo na vrhu solate. Prelijemo s prelivom.

Piščančja in porova enolončnica

Čas priprave + kuhanje: 70 minut | Obroki: 4

Sestavine

6 piščančjih prsi brez kože

Sol in črni poper po okusu

3 žlice masla

1 večji por, prečno prerezan

½ skodelice panko

2 žlici sesekljanega peteršilja

1 oz sira Copoundy Jack

1 žlica oljčnega olja

Navodila

Pripravite vodno kopel in vanjo postavite Sous Vide. Nastavite na 146 F.

Piščančje prsi položite v vrečko, ki jo je mogoče vakuumsko zapreti. Začinimo s soljo in poprom. Izpustite zrak z metodo izpodrivanja vode, zaprite in potopite v vodno kopel. Kuhajte 45 minut.

Medtem na močnem ognju segrejemo ponev z maslom in skuhamo por. Začinimo s soljo in poprom. Dobro premešaj. Znižajte ogenj in pustite kuhati 10 minut.

Na srednjem ognju segrejte ponev z maslom in dodajte panko. Kuhajte, dokler ne popečete. Prenesite v skledo in zmešajte s cheddar sirom in sesekljanim peteršiljem. Ko se časovnik ustavi, odstranite prsi in jih posušite. Na močnem ognju segrejte ponev z oljčnim oljem in piščanca pražite 1 minuto na vsako stran. Postrezite čez por in okrasite s panko mešanico.

Gorčične piščančje krače

Čas priprave + kuhanje: 2 uri 30 minut | Obroki: 4

Sestavine

4 cele piščančje noge

Sol in črni poper po okusu

2 žlici olivnega olja

2 šalotki, narezani na tanke rezine

3 stroki česna, narezani na tanke rezine

½ skodelice suhega belega vina

1 skodelica piščančje juhe

¼ skodelice polnozrnate gorčice

1 skodelica pol-pol smetane

1 žlička kurkume

2 žlici svežega pehtrana, mletega

1 žlica svežega timijana, mletega

Navodila

Pripravite vodno kopel in vanjo postavite Sous Vide. Nastavite na 172 F. Piščanca začinite s soljo in poprom. V ponvi na močnem ognju segrejte olivno olje in pražite piščančje krače 5-7 minut. Dati na stran.

V isto ponev dodajte šalotko in česen. Kuhajte 5 minut. Dodajte belo vino in kuhajte 2 minuti, dokler ne zabrusi. Odstranite in prilijte piščančjo osnovo in gorčico.

Gorčično omako zmešajte s piščancem in dajte v vakuumsko zaprto vrečko. Izpustite zrak z metodo izpodrivanja vode, zaprite in potopite v vodno kopel. Kuhajte 2 uri.

Ko se časovnik ustavi, odstranite vrečko, rezervirajte piščanca in ločite tekočine za kuhanje. V segreto ponev damo tekočino za kuhanje in pol-pol smetano. Kuhajte, dokler ne nastanejo mehurčki in napol ne izhlapi. Odstranite z ognja in zmešajte pehtran, kurkumo, timijan in piščančje krače. Dobro premešaj. Začinite s soljo in poprom ter postrezite.

Sirna piščančja solata s čičeriko

Čas priprave + kuhanje: 1 ura 30 minut | Obroki: 2

Sestavine

6 rezin piščančjih prsi brez kosti in kože

4 žlice olivnega olja

2 žlici pekoče omake

1 žlička mlete kumine

1 žlička svetlo rjavega sladkorja

1 žlička mletega cimeta

Sol in črni poper po okusu

1 pločevinka odcejene čičerike

½ skodelice zdrobljenega feta sira

½ skodelice zdrobljenega sira queso fresco

½ skodelice natrgane bazilike

½ skodelice sveže natrgane mete

4 žličke pinjol, opečenih

2 žlički medu

2 žlički sveže iztisnjenega limoninega soka

Navodila

Pripravite vodno kopel in vanjo postavite Sous Vide. Nastavite na 138 F. Piščančje prsi, 2 žlici oljčnega olja, vročo omako, rjavi sladkor, kumino in cimet položite v vrečko, ki jo je mogoče vakuumsko zapreti. Začinimo s soljo in poprom. Izpustite zrak z metodo izpodrivanja vode, zaprite in vrečko potopite v vodno kopel. Kuhajte 75 minut.

Medtem v skledi zmešajte čičeriko, baziliko, queso fresco, meto in pinjole. Prilijemo med, limonin sok in 2 žlici oljčnega olja. Začinimo s soljo in poprom. Ko se časovnik ustavi, odstranite piščanca in ga narežite na koščke. Zavrzite kuhalne sokove. Solato in piščanca premešamo, dobro premešamo in postrežemo.

Piščanec s sirom v plasteh

Čas priprave + kuhanje: 60 minut | Obroki: 2

Sestavine

2 piščančji prsi brez kosti in kože

Sol in črni poper po okusu

2 žlici masla

4 skodelice zelene solate

1 velik paradižnik, narezan

1 oz cheddar sira, narezanega

2 žlici rdeče čebule, narezane na kocke

Listi sveže bazilike

1 žlica oljčnega olja

2 rezini limone za serviranje

Navodila

Pripravite vodno kopel in vanjo postavite Sous Vide. Nastavite na 146 F.

Piščanca položite v vrečko, ki jo je mogoče vakuumsko zapreti. Začinimo s soljo in poprom. Izpustite zrak z metodo izpodrivanja vode, zaprite in vrečko potopite v vodno kopel. Kuhajte 45 minut.

Ko se časovnik ustavi, odstranite piščanca in zavrzite sok od kuhanja. Na močnem ognju segrejte ponev z maslom. Piščanca prepražimo, dokler ne porjavi. Prenesite na servirni krožnik. Zeleno solato položite med piščance in nanjo potresite paradižnik, rdečo čebulo, sir cheddar in baziliko. Potresemo z olivnim oljem, solimo in popramo. Postrezite z rezinami limone.

Piščanec na kitajski način

Čas priprave + kuhanje: 1 ura 35 minut | Obroki: 6

Sestavine

1½ funta piščančjih prsi brez kosti in kože

¼ skodelice čebule, drobno sesekljane

2 žlici Worcestershire omake

1 žlica medu

1 žlička sezamovega olja

1 strok česna, sesekljan

¾ čajne žličke kitajskih petih začimb v prahu

Navodila

Pripravite vodno kopel in vanjo postavite Sous Vide. Nastavite na 146 F.

Piščanca, čebulo, med, Worcestershire omako, sezamovo olje, česen in pet začimb dajte v vrečko, ki jo je mogoče vakuumsko zapreti. Izpustite zrak z metodo izpodrivanja vode, zaprite in vrečko potopite v vodno kopel. Kuhajte 75 minut. Na srednjem ognju segrejte ponev. Ko se časovnik ustavi, odstranite vrečko in jo postavite v ponev. Pražimo 5 minut do zlato rjave barve. Piščanca narežemo na medaljone.

Piščančje mesne kroglice z origanom

Čas priprave + kuhanje: 2 uri 20 minut | Obroki: 4

Sestavine

1 funt mletega piščanca

1 žlica oljčnega olja

2 stroka česna, nasekljana

1 žlička svežega origana, mletega

Sol po okusu

1 žlica kumine

½ žličke naribane limonine lupinice

½ žličke črnega popra

¼ skodelice panko drobtin

Limonine rezine

Navodila

Pripravite vodno kopel in vanjo postavite Sous Vide. Nastavite na 146 F. V skledi zmešajte mletega piščanca, česen, oljčno olje, origano, limonino lupinico, kumino, sol in poper. Z rokami naredite vsaj 14 mesnih kroglic. Mesne kroglice položite v vrečko, ki jo je mogoče vakuumsko zapreti. Izpustite zrak z metodo izpodrivanja vode, zaprite in vrečko potopite v vodno kopel. Kuhajte 2 uri.

Ko se časovnik ustavi, odstranite vrečko in prenesite mesne kroglice na pekač, obložen s folijo. Na srednjem ognju segrejte ponev in pražite mesne kroglice 7 minut. Na vrh z rezinami limone.

Cornish kokoš z rižem in jagodami

Čas priprave + kuhanje: 4 ure 40 minut | Obroki: 2

Sestavine

2 celi kokoši divjadi Cornish
4 žlice masla plus 1 žlica dodatnega
2 skodelici gob shitake, narezanih na tanke rezine
1 skodelica pora, na drobno narezana
¼ skodelice pekanov, narezanih
1 žlica svežega timijana, mletega
1 skodelica kuhanega divjega riža
¼ skodelice posušenih brusnic
1 žlica medu

Navodila

Pripravite vodno kopel in vanjo postavite Sous Vide. Nastavite na 149 F.

V ponvi na srednjem ognju segrejte 4 žlice masla, ko se stopi, dodajte gobe, timijan, por in orehe. Kuhajte 5-10 minut. Vložite riž in brusnice. Odstranite z ognja. Pustite, da se ohladi 10 minut. Z mešanico napolnite kokošje votline. Povežite noge.

Kokoši položite v vrečko, ki jo je mogoče vakuumsko zapreti. Izpustite zrak z metodo izpodrivanja vode, zaprite in vrečko potopite v kopel. Kuhajte 4 ure. Na močnem ognju segrejte ponev. V skledi zmešajte med in 1 žlico stopljenega masla. Prelijemo preko kokoši. Kokoši pražimo 2 minuti in postrežemo.

Chessy zvit piščanec

Čas priprave + kuhanje: 1 ura 45 minut | Obroki: 2

Sestavine

1 piščančja prsa
¼ skodelice kremnega sira
¼ skodelice pečene rdeče paprike v julienu
½ skodelice ohlapno pakirane rukole
6 rezin pršuta
Sol in črni poper po okusu
1 žlica olja

Navodila

Pripravite vodno kopel in vanjo postavite Sous Vide. Nastavite na 155 F. Piščanca odcedite in stepajte, dokler ne dobite majhne gostote. Nato prerežite na pol in začinite s soljo in poprom. Na vrh namažemo 2 žlici kremnega sira in dodamo pečeno rdečo papriko in rukolo.

Prsi zvijte kot suši in dajte 3 plasti pršuta ter prsi zvijte. Postavite v vrečko, ki jo je mogoče vakuumsko zapreti. Izpustite zrak z metodo izpodrivanja vode, zaprite in potopite v vodno kopel. Kuhajte 90 minut. Ko se časovnik ustavi, piščanca vzemite iz vrečke in prepražite. Narežite na drobne rezine in postrezite.

Solata s piščancem in grahom

Čas priprave + kuhanje: 1 ura 30 minut | Obroki: 2

Sestavine

6 rezin piščančjih prsi brez kosti
4 žlice olivnega olja
Sol in črni poper po okusu
2 skodelici snežnega graha, blanširanega
1 skodelica mete, sveže natrgane
½ skodelice zdrobljenega sira queso fresco
1 žlica sveže iztisnjenega limoninega soka
2 žlički medu
2 žlici rdečega vinskega kisa

Navodila

Pripravite vodno kopel in vanjo postavite Sous Vide. Nastavite na 138 F.

Piščanca z olivnim oljem položite v vrečko, ki jo je mogoče vakuumsko zapreti. Začinimo s soljo in poprom. Izpustite zrak z metodo izpodrivanja vode, zaprite in vrečko potopite v vodno kopel. Kuhajte 75 minut.

V skledi zmešajte grah, queso fresco in meto. Zmešajte limonin sok, rdeči vinski kis, med in 2 žlici oljčnega olja. Začinimo s soljo in poprom.

Ko je pripravljen, odstranite piščanca in ga narežite na rezine. Zavrzite tekočine pri kuhanju. Postrezite.

Zeliščni piščanec z gobovo smetanovo omako

Čas priprave + kuhanje: 4 ure 15 minut | Obroki: 2

Sestavine

Za piščanca

2 piščančja prsa brez kože in kosti

Sol po okusu

1 žlica kopra

1 žlica kurkume

1 žlička rastlinskega olja

Za omako

3 sesekljane šalotke

2 sesekljana stroka česna

1 žlička olivnega olja

2 žlici masla

1 skodelica narezanih gob

2 žlici portovca

½ skodelice piščančje juhe

1 skodelica kozjega sira

¼ žličke mletega črnega popra

Navodila

Pripravite vodno kopel in vanjo postavite Sous Vide. Nastavite na 138 F. Piščanca, začinjenega s soljo in poprom, položite v vrečko, ki jo je mogoče vakuumsko zapreti. Izpustite zrak z metodo izpodrivanja vode, zaprite in vrečko potopite v vodno kopel. Kuhajte 4 ure.

Ko se časovnik ustavi, odstranite vrečko in jo prenesite v ledeno kopel. Pustite, da se ohladi in posuši. Dati na stran. V ponvi na močnem ognju segrejte olje, dodajte šalotko in kuhajte 2-3 minute. Dodajte maslo, koper, kurkumo in česen, kuhajte še 1 minuto. Dodamo gobe, vino in osnovo. Kuhamo 2 minuti, nato prilijemo smetano. Nadaljujte s kuhanjem, dokler se omaka ne zgosti. Začinimo s soljo in poprom. Segrejte žar do dima. Piščanca premažite z oljem in pražite 1 minuto na vsaki strani. Prelijemo z omako.

Hrustljav ocvrt piščanec

Čas priprave + kuhanje: 2 uri | Obroki: 4

Sestavine

8 piščančjih nog
Sol in črni poper po okusu

<u>Za mokro mešanico</u>
2 skodelici sojinega mleka
1 žlica limoninega soka

<u>Za suho mešanico</u>
1 skodelica moke
1 skodelica riževe moke
½ skodelice koruznega škroba
2 žlici paprike
1 žlica ingverja
Sol in črni poper po okusu

Navodila

Pripravite vodno kopel in vanjo postavite Sous Vide. Nastavite na 154 F. Piščanca, začinjenega s poprom in soljo, položite v vrečko, ki jo je mogoče vakuumsko zapreti. Izpustite zrak z metodo izpodrivanja vode, zaprite in potopite v vodno kopel. Kuhajte 1 uro.

Ko se časovnik ustavi, odstranite vrečko. Pustite, da se ohladi 15 minut. Segrejte ponev z oljem nad 400-425 F. V skledi zmešajte sojino mleko in limonin sok, da dobite mokro mešanico. V drugi skledi stepemo beljakovo moko, riževo moko, koruzni škrob, ingver, papriko, sol in mleto papriko, da dobimo suho zmes.

Piščanca namočite v suho mešanico in nato v mokro mešanico. Ponovite še 2-3 krat. Postavite v rešetko za peko. Postopek ponavljamo, dokler piščanca ni konec. Piščanca pražimo 3-4 minute. Odstavimo, pustimo, da se ohladijo 10-15 minut. Po vrhu z rezinami limone in omako.

Zelena piščančja solata z mandlji

Čas priprave + kuhanje: 95 minut | Obroki: 2

Sestavine

2 piščančji prsi, brez kože
Sol in črni poper po okusu
1 skodelica mandljev
1 žlica oljčnega olja
2 žlici sladkorja
4 rdeči čili, narezani na tanke rezine
1 strok česna, olupljen
3 žlice ribje omake
2 žlici sveže iztisnjenega limetinega soka
1 skodelica cilantra, sesekljanega
1 čebula, narezana na tanke rezine
1 steblo limonske trave, samo beli del, narezano
1 kos 2-palčnega ingverja, juliena

Navodila

Pripravite vodno kopel in vanjo postavite Sous Vide. Nastavite na 138 F. Piščanca, začinjenega s soljo in poprom, položite v vrečko, ki jo je mogoče vakuumsko zapreti. Izpustite zrak z metodo izpodrivanja vode, zaprite in vrečko potopite v vodno kopel. Kuhajte 75 minut.

Po 60 minutah segrejte olivno olje v ponvi na 350 F. Mandlje pražite 1 minuto, dokler niso suhi. Stepite sladkor, česen in čili. Prilijemo ribjo omako in limetin sok.

Ko je pripravljen, odstranite vrečko in pustite, da se ohladi. Piščanca narežemo na kocke in damo v skledo. Prelijemo s prelivom in dobro premešamo. Dodajte koriander, ingver, limonsko travo in ocvrte mandlje. Okrasite s čilijem in postrezite.

Mlečni kokosov piščanec

Čas priprave + kuhanje: 75 minut | Obroki: 2

Sestavine

2 piščančji prsi
4 žlice kokosovega mleka
Sol in črni poper po okusu

<u>Za omako</u>
4 žlice satay omake
2 žlici kokosovega mleka
Krpica tamari omake

Navodila

Pripravite vodno kopel in vanjo postavite Sous Vide. Nastavite na 138 F.

Piščanca položite v vakuumsko zaprto vrečko in ga začinite s soljo in poprom. Dodajte 4 žlice mleka. Izpustite zrak z metodo izpodrivanja vode, zaprite in vrečko potopite v vodno kopel. Kuhajte 60 minut.

Ko se časovnik ustavi, odstranite vrečko. Zmešajte sestavine za omako in segrejte v mikrovalovni pečici 30 sekund. Piščanca narežemo. Serviramo v krožnik in posteklenimo z omako.

Rimska jed s slanino in piščancem

Čas priprave + kuhanje: 1 ura 40 minut | Obroki: 4

Sestavine

4 majhne piščančje prsi brez kosti in kože
8 listov žajblja
4 kosi tanko narezane slanine
Črni poper po okusu
1 žlica oljčnega olja
2 oz naribanega sira fontina

Navodila

Pripravite vodno kopel in vanjo postavite Sous Vide. Nastavite na 146 F. Piščanca začinite s soljo in poprom. Na vrh položite 2 lista žajblja in 1 rezino slanine. Postavite jih v vrečko, ki jo je mogoče vakuumsko zapreti. Izpustite zrak z metodo izpodrivanja vode, zaprite in vrečko potopite v vodno kopel. Kuhajte 90 minut.

Ko se časovnik ustavi, odstranite vrečko in jo posušite. V ponvi na močnem ognju segrejte olje in pražite piščanca 1 minuto. Piščanca obrnite in na vrh potresite 1 žlico sira fontina. Ponev pokrijemo in pustimo, da se sir stopi. Piščanca postrežemo na krožniku in ga okrasimo z listi žajblja.

Solata s češnjevimi paradižniki, avokadom in piščancem

Čas priprave + kuhanje: 1 ura 30 minut | Obroki: 2

Sestavine

1 piščančja prsa
1 avokado, narezan
10 kosov razpolovljenih češnjevih paradižnikov
2 skodelici sesekljane zelene solate
2 žlici olivnega olja
1 žlica limetinega soka
1 strok česna, zdrobljen
Sol in črni poper po okusu
2 žlici javorjevega sirupa

Navodila

Pripravite vodno kopel in vanjo postavite Sous Vide. Nastavite na 138 F. Piščanca postavite v vrečko, ki jo je mogoče vakuumsko zapreti. Začinimo s soljo in poprom. Izpustite zrak z metodo izpodrivanja vode, zaprite in vrečko potopite v vodno kopel. Kuhajte 75 minut.

Ko se časovnik ustavi, odstranite piščanca. V ponvi na srednjem ognju segrejte olje. Prsi pražimo 30 sekund in narežemo. V skledi zmešajte česen, limetin sok, javorjev sirup in olivno olje. Dodajte solato, češnjev paradižnik in avokado. Dobro premešaj. Solato na krožnik in na vrh položite piščanca.

Čili piščanec

Čas priprave + kuhanja: 2 uri 15 minut | Obroki: 2

Sestavine

4 piščančja bedra
2 žlici olivnega olja
Sol in črni poper po okusu
1 strok česna, zdrobljen
3 žlice ribje omake
¼ skodelice limetinega soka
1 žlica sladkorja
3 žlice sesekljane bazilike
3 žlice sesekljanega cilantra
2 rdeča čilija (brez semen), sesekljana
1 žlica sladke čilijeve omake
1 žlica zelene čilijeve omake

Navodila

Pripravite vodno kopel in vanjo postavite Sous Vide. Nastavite na 149 F. Piščanca zavijte v oprijemljivo folijo in pustite, da se ohladi. Postavite v vrečko, ki jo je mogoče vakuumsko zapreti, z oljčnim oljem, soljo in poprom. Izpustite zrak z metodo izpodrivanja vode, zaprite in vrečko potopite v vodno kopel. Kuhajte 2 uri.

Ko se časovnik ustavi, odstranite piščanca in ga narežite na 4-5 kosov. V ponvi na srednjem ognju segrejte rastlinsko olje in prepražite, dokler ne postane hrustljavo. V skledi zmešajte vse sestavine za preliv in jih odstavite. Piščanca postrežemo, posolimo in prelijemo s prelivom.

Piščančja krila z okusom medu

Čas priprave + kuhanje: 135 minut | Obroki: 2

Sestavine

¾ žličke sojine omake

¾ žličke riževega vina

¾ žličke medu

¼ žličke petih začimb

6 piščančjih kril

½ palca svežega ingverja

½-palčna mleta mačka

1 strok česna, sesekljan

Narezane čebulice za serviranje

Navodila

Pripravite vodno kopel in vanjo postavite Sous Vide. Nastavite na 160 F.

V skledi zmešajte sojino omako, riževo vino, med in pet začimb. Piščančje peruti in česen položite v vrečko, ki jo je mogoče vakuumsko zapreti. Izpustite zrak z metodo izpodrivanja vode, zaprite in vrečko potopite v vodno kopel. Kuhajte 2 uri.

Ko se časovnik ustavi, odstranite krila in jih preložite na pekač. Pečemo v pečici 5 minut pri 380 F. Postrežemo na krožniku in okrasimo z narezanimi kapesantami.

Zeleni piščančji kari z rezanci

Čas priprave + kuhanja: 3 ure | Obroki: 2

Sestavine

1 piščančja prsa brez kosti in kože

Sol in črni poper po okusu

1 pločevinka (13,5 oz) kokosovega mleka

2 žlici zelene curry paste

1¾ skodelice piščančje juhe

1 skodelica šitake gob

5 listov kaffir limete, pretrganih na pol

2 žlici ribje omake

1½ žlice sladkorja

½ skodelice listov tajske bazilike, grobo narezanih

2 oz gnezda kuhanih jajčnih rezancev

1 skodelica cilantra, grobo sesekljanega

1 skodelica fižolovih kalčkov

2 žlici ocvrtih rezancev

2 rdeča čilija, grobo narezana

Navodila

Pripravite vodno kopel in vanjo postavite Sous Vide. Nastavite na 138 F. Piščanca začinite s soljo in poprom. Postavite ga v vrečko, ki jo je mogoče vakuumsko zapreti. Izpustite zrak z metodo izpodrivanja vode, zaprite in vrečko potopite v vodno kopel. Kuhajte 90 minut.

Po 35 minutah segrejte ponev na srednjem ognju in vanjo vmešajte zeleno curry pasto in polovico kokosovega mleka. Kuhajte 5-10 minut, dokler se kokosovo mleko ne začne gostiti. Dodajte piščančjo osnovo in preostanek kokosovega mleka. Kuhajte 15 minut.

Znižajte ogenj in dodajte liste kafir limete, gobe šitake, sladkor in ribjo omako. Kuhajte vsaj 10 minut. Odstavite z ognja in dodajte baziliko.

Ko se časovnik ustavi, odstranite vrečko in pustite, da se ohladi 5 minut, nato pa narežite na drobne rezine. V jušno skledo postrezite curry omako, kuhane rezance in piščanca. Povrh s fižolovimi kalčki, cilantrom, čilijem in ocvrtimi rezanci.

Pesto piščančji mini grižljaji z avokadom

Čas priprave + kuhanje: 1 ura 40 minut | Obroki: 2

Sestavine

1 piščančja prsa, brez kosti, brez kože, z metuljčkom
Sol in črni poper po okusu
1 žlica žajblja
3 žlice olivnega olja
1 žlica pesta
1 bučka, narezana na rezine
1 avokado
1 skodelica svežih listov bazilike

Navodila

Pripravite vodno kopel in vanjo postavite Sous Vide. Nastavite na 138 F.

Piščančje prsi pretlačite na tanko. Začinimo z žajbljem, poprom in soljo. Postavite v vrečko, ki jo je mogoče vakuumsko zapreti. Dodajte 1 žlico olja in pesto. Izpustite zrak z metodo izpodrivanja vode, zaprite in vrečko potopite v vodno kopel. Kuhajte 75 minut. Po 60 minutah v ponvi na močnem ognju segrejte 1 žlico olivnega olja, dodajte bučke in ¼ skodelice vode. Kuhajte, dokler voda ne izhlapi. Ko se časovnik ustavi, odstranite piščanca.

V ponvi na zmernem ognju segrejte preostalo olivno olje in piščanca pražite 2 minuti na vsaki strani. Odstavimo in pustimo, da se ohladi. Piščanca narežemo na drobne rezine tako kot bučke. Narežite tudi avokado. Piščanca postrezite z rezinami avokada na vrhu. Okrasite z rezinami bučk in baziliko.

Piščančje kroglice s sirom

Čas priprave + kuhanje: 1 ura 15 minut | Obroki: 6

Sestavine

1 funt mletega piščanca

2 žlici čebule, drobno sesekljane

¼ žličke česna v prahu

Sol in črni poper po okusu

2 žlici krušnih drobtin

1 jajce

32 majhnih kockic mocarele

1 žlica masla

3 žlice panko

½ skodelice paradižnikove omake

½ oz naribanega sira Pecorino Romano

Sesekljan peteršilj

Navodila

Pripravite vodno kopel in vanjo postavite Sous Vide. Nastavite na 146 F. V skledi zmešajte piščanca, čebulo, sol, česen v prahu, poper in začinjene krušne drobtine. Dodajte jajce in dobro premešajte. Oblikujte 32 srednje velikih kroglic in jih nadevajte s kocko sira, pazite, da zmes dobro prekrije sir.

Kroglice položite v vakuumsko zaprto vrečko in pustite, da se ohladi 20 minut. Nato izpustite zrak z metodo izpodrivanja vode, zaprite in vrečko potopite v vodno kopel. Kuhajte 45 minut.

Ko se časovnik ustavi, odstranite kroglice. V ponvi na močnem ognju stopite maslo in dodajte panko. Kuhajte, dokler ne popečete. Prav tako skuhajte paradižnikovo omako. V servirni krožnik položimo kroglice in jih zabelimo s paradižnikovo omako. Na vrh potresemo panko in sir. Okrasite s peteršiljem.

Puranji burgerji s sirom

Čas priprave + kuhanje: 1 ura 45 minut | Obroki: 6

Sestavine

6 žličk olivnega olja

1½ funta mletega purana

16 kremnih krekerjev, zdrobljenih

2½ žlici sesekljanega svežega peteršilja

2 žlici sesekljane sveže bazilike

½ žlice Worcestershire omake

½ žlice sojine omake

½ žličke česna v prahu

1 jajce

6 žemljic, popečenih

6 rezin paradižnika

6 listov rimske solate

6 rezin sira Monterey Jack

Navodila

Pripravite vodno kopel in vanjo postavite Sous Vide. Nastavite na 148 F. Zmešajte purana, krekerje, peteršilj, baziliko, sojino omako in česen v prahu. Dodajte jajce in premešajte z rokami.

V pekač z voščenim poprom z mešanico oblikujte 6 polpetov in jih položite. Pokrijte in prenesite v hladilnik

Polpete vzamemo iz hladilnika in damo v tri vrečke, ki jih je mogoče vakuumsko zapreti. Izpustite zrak z metodo izpodrivanja vode, zaprite in vrečke potopite v vodno kopel. Kuhajte 1 uro in 15 minut.

Ko se časovnik ustavi, polpete odstranite. Zavrzite kuhalne sokove.

V ponvi na močnem ognju segrejte olivno olje in položite polpete. Pecite 45 sekund na stran. Polpete položimo čez popečene žemlje. Na vrh položite paradižnik, zeleno solato in sir. Postrezite.

Puran, polnjen s slanino in orehi, ovit v šunko

Čas priprave + kuhanje: 3 ure 45 minut | Obroki: 6

Sestavine

1 bela čebula, sesekljana

3 žlice masla

1 skodelica kock slanine

4 žlice pinjol

2 žlici sesekljanega timijana

4 stroki česna, sesekljani

Lupina 2 limon

4 žlice sesekljanega peteršilja

¾ skodelice krušnih drobtin

1 jajce, pretepeno

4 lb puranje prsi brez kosti, z metuljčki

Sol in črni poper po okusu

16 rezin šunke

Navodila

Pripravite vodno kopel in vanjo postavite Sous Vide. Nastavite na 146 F.

V ponvi na zmernem ognju segrejte 2 žlici masla in čebulo pražite 10 minut, dokler se ne zmehča. Dati na stran. V isto ponev dodamo slanino in pražimo 5 minut do rjave barve. Vmešajte pinjole, timijan, česen in limonino lupinico ter kuhajte še 2 minuti. Dodamo peteršilj in premešamo. Čebulo vrnite v ponev, vmešajte krušne drobtine in jajce.

Purana vzemite ven in ga pokrijte s plastično folijo. S kladivom za meso ga pretlačimo na debelo. Šunko položite v aluminijasto folijo. Purana položite na šunko in razbijte sredino, da nastane trak. Purana tesno zvijajte z ene strani na drugo, dokler ni popolnoma zavit. Pokrijte s plastično folijo in postavite v vrečko, ki jo je mogoče vakuumsko zapreti. Izpustite zrak z metodo izpodrivanja vode, zaprite in vrečko potopite v vodno kopel. Kuhajte 3 ure.

Ko se časovnik ustavi, odstranite purana in zavrzite plastiko. V ponvi na zmernem ognju segrejte preostalo maslo in položite prsi. Šunko pražite 45 sekund na vsako stran. Purana zvijte in pražite še 2-3 minute. Prsi narežemo na medaljone in postrežemo.

Caesar Solata Tortilla Rolls s Turčijo

Čas priprave + kuhanje: 1 ura 40 minut | Obroki: 4

Sestavine

2 stroka česna, nasekljana

2 puranji prsi brez kože in kosti

Sol in črni poper po okusu

1 skodelica majoneze

2 žlici sveže iztisnjenega limoninega soka

1 žlička sardonove paste

1 žlička dijonske gorčice

1 žlička sojine omake

4 skodelice zelene solate

4 tortilje

Navodila

Pripravite vodno kopel in vanjo postavite Sous Vide. Nastavite na 152 F. Puranje prsi začinite s soljo in poprom ter dajte v vrečko, ki jo je mogoče vakuumsko zapreti. Izpustite zrak z metodo izpodrivanja vode, zaprite in vrečko potopite v vodno kopel. Kuhajte 1 uro in 30 minut.

Zmešajte majonezo, česen, limonin sok, sardonovo pasto, gorčico, sojino omako ter preostalo sol in poper. Pustite počivati v hladilniku. Ko se časovnik ustavi, odstranite purana in ga posušite. Purana narežite. Solato zmešamo s hladnim prelivom. V vsako tortiljo vlijemo četrtino puranje mešanice in prepognemo. Prerežemo na pol in postrežemo s prelivom.

Puranova rulada iz žajblja

Čas priprave + kuhanje: 5 ur 15 minut | Obroki: 6

Sestavine:

3 žlice olivnega olja

2 majhni rumeni čebuli, narezani na kocke

2 stebli zelene, narezane na kocke

3 žlice mletega žajblja

2 limoni in sok

3 skodelice mešanice za puranje nadeve

2 skodelici puranje ali piščančje juhe

5 funtov razpolovljene puranje prsi

navodila:

Na srednji ogenj postavite ponev, dodajte olivno olje, čebulo in zeleno. Pražimo 2 minuti. Dodajte limonin sok, lupinico in žajbelj, dokler se limonin sok ne zmanjša.

V skledo vlijemo mešanico za nadev in dodamo mešanico kuhanega žajblja. Mešajte z rokami. Med mešanjem z roko dodajte zalogo, dokler se sestavine dobro ne držijo in niso tekoče. Nežno odstranite puranje kožo in jo položite na plastično folijo. Odstranite kosti in jih zavrzite.

Puranje prsi položite na kožo in nanje položite drugo plast plastične folije. Z valjarjem ga sploščite na 1 - palec debeline. Odstranite plastično folijo na vrhu in nadev razporedite po sploščenem puranu, pri čemer pustite ½ palca prostora okoli robov.

Začnite na ozki strani, zvijte purana kot pecivo in nanj pokrijte dodatno kožo. Zvitek pritrdite z mesarsko vrvico. Puranji zvitek zavijte v širšo plastično folijo in konca zasukajte, da pritrdite zvitek, ki mora oblikovati tesen valj.

Zvitek položite v vrečko, ki jo je mogoče vakuumsko zapreti, izpustite zrak in vrečko zaprite. Hladite 40 minut. Naredite vodno kopel, vanjo postavite Sous Vide in nastavite na 155 F. Puranje zvitke postavite v vodno kopel in nastavite časovnik na 4 ure.

Ko se časovnik ustavi, odstranite vrečko in jo odprite. Pečico segrejte na 400 F, odstranite plastično folijo s purana in položite na pekač s kožo navzgor. Pražimo 15 minut. Narežemo na kolobarje. Postrezite s smetanovo omako in dušeno zelenjavo z nizko vsebnostjo ogljikovih hidratov.

Turčija prsa timijana

Čas priprave + kuhanja: 3 ure 15 minut | Obroki: 6

Sestavine

1 polovica puranjih prsi brez kosti in kože
1 žlica oljčnega olja
1 žlica česnove soli
1 žlica timijana
1 žlička črnega popra

Navodila

Pripravite vodno kopel in vanjo postavite Sous Vide. Nastavite na 146 F.

Zmešajte puranje prsi, česen, timijan, sol in poper. Postavite ga v vrečko, ki jo je mogoče vakuumsko zapreti. Izpustite zrak z metodo izpodrivanja vode, zaprite in vrečko potopite v vodno kopel. Kuhajte 4 ure.

Ko se časovnik ustavi, odstranite vrečko in jo posušite s pekačem. Na močnem ognju segrejte železno ponev in pražite 5 minut, dokler ne postane zlatorjave barve.

Burgerji s puranjimi mesnimi kroglicami s pestom

Čas priprave + kuhanje: 80 minut | Obroki: 4

Sestavine

1 funt mletega purana

3 čebulice, drobno narezane

1 veliko jajce, pretepljeno

1 žlica krušnih drobtin

1 žlička posušenega origana

1 žlica timijana

Sol in črni poper po okusu

½ skodelice pesta (plus 2 žlički dodatno)

2 oz sira mozzarella, natrganega na koščke

4 velike žemlje za hamburger

Navodila

Pripravite vodno kopel in vanjo postavite Sous Vide. Nastavite na 146 F. V skledi zmešajte purana, jajce, krušne drobtine, mlado čebulo, timijan in origano. Začinimo s soljo in poprom. Dobro premešaj. Naredite vsaj 8 kroglic in v sredini s palcem naredite jamico. Vsako napolnite s 1/4 žlice pesta in 1/4 oz mocarele. Prepričajte se, da meso pokriva nadev.

Postavite ga v vrečko, ki jo je mogoče vakuumsko zapreti. Izpustite zrak z metodo izpodrivanja vode, zaprite in vrečko potopite v vodno kopel. Kuhajte 60 minut. Ko se časovnik ustavi, odstranite kroglice in jih posušite s pekači. Na zmernem ognju segrejte ponev in skuhajte 1/2 skodelice pesta. Dodajte mesne kroglice in dobro premešajte. V vsako žemljico za hamburger položite 2 mesni kroglici.

Puranje prsi z orehi orehi

Čas priprave + kuhanja: 2 uri 15 minut | Obroki: 6

Sestavine:

2 funta puranjih prsi, narezanih na tanke rezine
1 žlica limonine lupinice
1 skodelica pekanov, drobno sesekljanih
1 žlica timijana, drobno sesekljanega
2 stroka česna, zdrobljena
2 žlici svežega peteršilja, drobno sesekljanega
3 skodelice piščančje juhe
3 žlice olivnega olja

navodila:

Meso oplaknemo pod hladno tekočo vodo in odcedimo v cedilu. Natrite z limonino lupinico in prenesite v veliko vrečko, ki jo je mogoče vakuumsko zapreti, skupaj s piščančjo juho. Kuhajte en Sous Vide 2 uri pri 149 F. Odstranite iz vodne kopeli in odstavite.

V srednje veliki ponvi segrejte olivno olje in dodajte česen, pekan orehe in timijan. Dobro premešamo in kuhamo 4-5 minut. Nazadnje v ponev dodamo piščančje prsi, ki jih na obeh straneh na kratko zapečemo. Postrezite takoj.

Začimbna puranova jed

Čas priprave + kuhanje: 14 ur 15 minut | Obroki: 4

Sestavine

1 puranja stegna

1 žlica oljčnega olja

1 žlica česnove soli

1 žlička črnega popra

3 vejice timijana

1 žlica rožmarina

Navodila

Pripravite vodno kopel in vanjo postavite Sous Vide. Nastavite na 146 F. Purana začinite s česnom, soljo in poprom. Postavite ga v vrečko, ki jo je mogoče vakuumsko zapreti.

Izpustite zrak z metodo izpodrivanja vode, zaprite in vrečko potopite v kopel. Kuhajte 14 ur. Ko končate, odstranite krače in jih posušite.

Puran v pomarančni omaki

Čas priprave + kuhanje: 75 minut | Obroki: 2

Sestavine:

1 funt puranjih prsi, brez kože in kosti
1 žlica masla
3 žlice svežega pomarančnega soka
½ skodelice piščančje juhe
1 žlička kajenskega popra
Sol in črni poper po okusu

navodila:

Puranje prsi sperite pod hladno tekočo vodo in jih posušite. Dati na stran.

V srednji skledi zmešajte pomarančni sok, piščančjo osnovo, kajenski poper, sol in poper. Dobro premešamo in v to marinado položimo meso. Hladite 20 minut.

Zdaj položite meso skupaj z marinado v veliko vrečko, ki jo je mogoče vakuumsko zapreti, in kuhajte en Sous Vide 40 minut pri 122 F.

V srednji ponvi proti prijemanju stopite maslo na visoki temperaturi. Meso vzamemo iz vrečke in dodamo v ponev. Pražimo 2 minuti in odstavimo z ognja.

Timijan in rožmarin Puranje krače

Čas priprave + kuhanje: 8 ur 30 minut | Obroki: 4

Sestavine

5 žličk masla, stopljenega

10 strokov česna, mletega

2 žlici posušenega rožmarina

1 žlica kumine

1 žlica timijana

2 puranji nogi

Navodila

Pripravite vodno kopel in vanjo postavite Sous Vide. Nastavite na 134 F.

Zmešajte česen, rožmarin, kumino, timijan in maslo. Z mešanico natrite purana.

Purana položite v vrečko, ki jo je mogoče vakuumsko zapreti. Izpustite zrak z metodo izpodrivanja vode, zaprite in vrečko potopite v vodno kopel. Kuhajte 8 ur

Ko se časovnik ustavi, odstranite purana. Rezervirajte sokove za kuhanje. Na močnem ognju segrejte žar in položite purana. Pokapljamo s kuharskim sokom. Obrnite se in poškropite še s sokom. Odstavimo in pustimo, da se ohladi. Postrezite.

Puranje prsi s klinčki

Čas priprave + kuhanje: 1 ura 45 minut | Obroki: 6

Sestavine:

2 funta puranjih prsi, narezanih
2 stroka česna, nasekljana
1 skodelica olivnega olja
2 žlici dijonske gorčice
2 žlici limoninega soka
1 žlička svežega rožmarina, drobno sesekljanega
1 žlička nageljnovih žbic, mleta
Sol in črni poper po okusu

navodila:

V veliki skledi zmešajte oljčno olje z gorčico, limoninim sokom, česnom, rožmarinom, nageljnovimi žbicami, soljo in poprom. Mešajte, dokler se dobro ne premeša, in dodajte puranje rezine. Pred kuhanjem namočite in ohladite 30 minut.

Odstranite iz hladilnika in prenesite v 2 vrečki, ki ju je mogoče vakuumsko zapreti. Zaprite vrečke in kuhajte en Sous Vide eno uro pri 149 F. Odstranite iz vodne kopeli in postrezite.

Puranje prsi s koprom in rožmarinom

Čas priprave + kuhanje: 1 ura 50 minut | Obroki: 2

Sestavine

1 funt puranjih prsi brez kosti
Sol in črni poper po okusu
3 sveže vejice kopra
1 sveža vejica rožmarina, sesekljana
1 lovorjev list

Navodila

Pripravite vodno kopel in vanjo postavite Sous Vide. Nastavite na 146 F.

Na srednjem ognju segrejte ponev, dajte purana in pražite 5 minut. Prihranite maščobo. Purana začinite s soljo in poprom. Puranje, koper, rožmarin, lovorov list in prihranjeno maščobo dajte v vrečko, ki jo je mogoče vakuumsko zapreti. Izpustite zrak z metodo izpodrivanja vode, zaprite in vrečko potopite v vodno kopel. Kuhajte 1 uro in 30 minut.

Na močnem ognju segrejte ponev. Ko se časovnik ustavi, odstranite purana in ga prenesite v ponev. Pražimo 5 minut.

Pečena sladka raca

Čas priprave + kuhanje: 3 ure 55 minut | Obroki: 4

Sestavine

6 oz račje prsi brez kosti
¼ žličke cimeta
¼ žličke prekajene paprike
¼ žličke kajenskega popra
1 žlica timijana
1 žlička medu
Sol in črni poper po okusu

Navodila

Pripravite vodno kopel in vanjo postavite Sous Vide. Nastavite na 134 F. Račje prsi posušite s pekačem in odstranite kožo, pazite, da ne prerežete mesa. Posolimo.

Na močnem ognju segrejte ponev. Raco pražimo 3-4 minute. Odstranite in postavite na stran.

V skledi zmešajte papriko, timijan, kajenski poper in cimet, dobro premešajte. Z mešanico mariniramo račje prsi. Postavite v vrečko, ki jo je mogoče vakuumsko zapreti. Dodajte 1 žlico medu. Izpustite zrak z metodo izpodrivanja vode, zaprite in vrečko potopite v vodno kopel. Kuhajte 3 ure in 30 minut.

Ko se časovnik ustavi, odstranite vrečko in posušite. Na močnem ognju segrejte ponev in raco pražite 2 minuti. Obrnite ga in kuhajte še 30 sekund. Pustite, da se ohladi in postrezite.

Timijanovi račji kruhki t

Čas priprave + kuhanje: 2 uri 10 minut | Obroki: 3

Sestavine:

3 (6 oz) račjih prsi s kožo
3 žličke listov timijana
2 žlici olivnega olja
Sol in črni poper po okusu

Sestavine:

Na prsih naredite prečne trakove in ne zarežite v meso. Kožo začinite s soljo, mesno stran pa s timijanom, poprom in soljo. Račje prsi položite v 3 ločene vrečke, ki jih je mogoče vakuumsko zapreti. Izpustite zrak in zaprite vrečke. Hladimo 1 uro.

Naredite vodno kopel, vanjo postavite Sous Vide in nastavite na 135 F. Odstranite vrečke iz hladilnika in potopite v vodno kopel. Nastavite časovnik na 1 uro.

Ko se časovnik ustavi, odstranite in odprite vrečke. Ponev pristavimo na srednji ogenj, dodamo olivno olje. Ko se segreje, dodamo raco in pražimo, dokler se koža ne zmehča in meso zlato rjavo zapeče. Odstranite in pustite stati 3 minute, nato pa narežite. Postrezite.

Oranžni gosji konfit

Čas priprave + kuhanje: 12 ur 7 minut + čas ohlajanja | Obroki: 6

Sestavine

3 lovorjev listi

6 gosjih nog

10 žličk soli

6 strokov česna, strtih

1 sveža vejica rožmarina, brez pecljev

1½ skodelice gosje maščobe

1 žlička popra v zrnu

Lupina 1 pomaranče

Navodila

Gosje krače natremo s česnom, soljo, poprom in rožmarinom. Pokrijte in pustite v hladilniku 12 do 24 ur. Pripravite vodno kopel in vanjo postavite Sous Vide. Nastavite na 172 F. Gos vzemite iz hladilnika in posušite s kuhinjsko brisačo.

Gos, gosjo mast, lovorjev list, poper v zrnu in pomarančno lupinico dajte v vakuumsko zaprto vrečko. Izpustite zrak z metodo izpodrivanja vode, zaprite in vrečko potopite v vodno kopel. Kuhajte 12 ur.

Ko se časovnik ustavi, vzemite gos iz vrečke in očistite odvečno maščobo. Na močnem ognju segrejte ponev in gos pražite 5-7 minut, dokler ni hrustljava.

Sirne testenine z limoninimi kozicami

Čas priprave + kuhanje: 55 minut | Obroki: 4

Sestavine

2 skodelici narezane blitve

6 žlic masla

½ skodelice parmezana

2 stroka česna, nasekljana

1 limona, olupljena in iztisnjen sok

1 žlica sveže bazilike, sesekljane

Sol in črni poper po okusu

1 žlička rdeče paprike

1½ funta kozic, brez rezin, z repi

8 oz testenin po izbiri

Navodila

Pripravite vodno kopel in vanjo postavite Sous Vide. Nastavite na 137 F.

Na srednjem ognju segrejte lonec in zmešajte maslo, blitvo, 1/4 skodelice sira Pecorino Romano, česen, limonino lupinico in sok, baziliko, sol, črni poper in kosmiče rdeče paprike. Kuhajte 5 minut, dokler se maslo ne stopi. Dati na stran.

Kozico damo v vakuumsko zaprto vrečko in prelijemo z limonino mešanico. Dobro pretresite. Izpustite zrak z metodo izpodrivanja vode, zaprite in vrečko potopite v vodno kopel. Kuhajte 30 minut.

Medtem skuhamo testenine po navodilih na embalaži. Odcedimo ga in damo v lonec. Ko se časovnik ustavi, odstranite vrečko in jo prenesite v lonec za testenine. Kuhajte 3-4 minute. Prelijte s preostalim sirom pecorino in postrezite.

Morska plošča s sladkim šerijem in miso glazuro

Čas priprave + kuhanje: 50 minut | Obroki: 4

Sestavine

1 žlica oljčnega olja
2 žlici masla
⅓ skodelice sladkega šerija
⅓ skodelice rdečega misa
¼ skodelice mirina
3 žlice rjavega sladkorja
2½ žlici sojine omake
4 fileti morske plošče
2 žlici sesekljane čebulice
2 žlici sesekljanega svežega peteršilja

Navodila

Pripravite vodno kopel in vanjo postavite Sous Vide. Nastavite na 134 F. Segrejte maslo v ponvi na srednje nizkem ognju. Mešajte sladki šeri, miso, mirin, rjavi sladkor in sojino omako 1 minuto. Dati na stran. Pustite, da se ohladi. Morsko ploščo položite v 2 vrečki, ki ju je mogoče vakuumsko zapreti. Izpustite zrak z metodo izpodrivanja vode, zaprite in vrečke potopite v vodno kopel. Kuhajte 30 minut.

Ko se časovnik ustavi, vzemite morsko ploščo iz vrečk in jo osušite s kuhinjsko brisačo. Rezervirajte sokove za kuhanje. Na močnem ognju segrejte ponev in vanjo vlijte sok od kuhanja. Kuhajte, dokler se ne zmanjša za polovico.

V ponvi na srednjem ognju segrejte olivno olje in prenesite fileje. Pražimo 30 sekund na vsaki strani, dokler niso hrustljavi. Ribo postrezite in pokapajte z miso glazuro. Okrasite s kapesanto in peteršiljem.

Hrustljavi losos s sladko ingverjevo glazuro

Čas priprave + kuhanje: 53 minut | Obroki: 4

Sestavine

½ skodelice Worcestershire omake

6 žlic belega sladkorja

4 žlice mirina

2 majhna stroka česna, sesekljana

½ žličke koruznega škroba

½ žličke naribanega svežega ingverja

4 fileje lososa

4 žličke rastlinskega olja

2 skodelici kuhanega riža, za serviranje

1 žlička praženega maka

Navodila

Pripravite vodno kopel in vanjo postavite Sous Vide. Nastavite na 129 F.

V vročem loncu na srednjem ognju zmešajte Worcestershire omako, sladkor, mirin, česen, koruzni škrob in ingver. Kuhajte 1 minuto, dokler se sladkor ne raztopi. Prihranite 1/4 skodelice omake. Pustite, da se ohladi. Fileje lososa položite v 2 vakuumsko zaprti vrečki s preostalo omako. Izpustite zrak z metodo izpodrivanja vode, zaprite in vrečke potopite v vodno kopel. Kuhajte 40 minut.

Ko se časovnik ustavi, vzemite fileje iz vrečk in jih osušite s kuhinjsko brisačo. Na srednjem ognju segrejte ponev in kuhajte skodelico omake 2 minuti, dokler se ne zgosti. V ponvi segrejemo olje. Lososa pecite 30 sekund na vsako stran. Lososa postrezite z omako in makom.

Citrusne ribe s kokosovo omako

Čas priprave: 1 ura 57 minut | Obroki: 6

Sestavine

2 žlici rastlinskega olja

4 paradižnike, olupljene in narezane

2 rdeči papriki, narezani na kocke

1 rumena čebula, narezana na kocke

½ skodelice pomarančnega soka

¼ skodelice limetinega soka

4 stroki česna, sesekljani

1 žlička zdrobljenih semen kumine

1 žlička kumine v prahu

1 žlička kajenskega popra

½ žličke soli

6 filejev polenovke, brez kože, narezanih na kocke

14 unč kokosovega mleka

¼ skodelice naribanega kokosa

3 žlice sesekljanega svežega cilantra

Navodila

Pripravite vodno kopel in vanjo postavite Sous Vide. Nastavite na 137 F.

V skledi zmešajte pomarančni sok, limetin sok, česen, kumino, kumino, kajenski poper in sol. Fileje premažite z mešanico limete. Pokrijte in pustite stati v hladilniku 1 uro.

Medtem v ponvi na srednjem ognju segrejemo olje in vanjo stresemo paradižnik, papriko, čebulo in sol. Kuhajte 4-5 minut, dokler se ne zmehčajo. Paradižnikovo zmes prelijemo s kokosovim mlekom in kuhamo 10 minut. Odstavimo in pustimo, da se ohladi.

Fileje vzamemo iz hladilnika in damo v 2 vakuumsko zaprti vrečki s kokosovo mešanico. Izpustite zrak z metodo izpodrivanja vode, zaprite in vrečke potopite v vodno kopel. Kuhajte 40 minut. Ko se časovnik ustavi, odstranite vrečke in prenesite vsebino v servirno skledo. Okrasite z naribanim kokosom in cilantrom. Postrezite z rižem.

Vahnja, poširana z limeto in peteršiljem

Čas priprave + kuhanje: 75 minut | Obroki: 4

Sestavine

4 fileji vahnje s kožo
½ žličke soli
6 žlic masla
Lupina in sok 1 limete
2 žlički sesekljanega svežega peteršilja
1 limeta, narezana na četrtine

Navodila

Pripravite vodno kopel in vanjo postavite Sous Vide. Nastavite na 137 F.

Fileje začinite s soljo in položite v 2 vakuumsko zaprti vrečki. Dodamo maslo, polovico limetine lupinice in limetin sok ter 1 žlico peteršilja. Izpustite zrak z metodo izpodrivanja vode. Prenesite v hladilnik in pustite, da se ohladi 30 minut. Vrečke zaprite in potopite v vodno kopel. Kuhajte 30 minut.

Ko se časovnik ustavi, odstranite fileje in jih osušite s kuhinjsko brisačo. V ponvi na zmernem ognju segrejte preostalo maslo in pecite fileje 45 sekund na vsaki strani, po vrhu pa po žlicah prelijte stopljeno maslo. Posušite s kuhinjsko brisačo in preložite na krožnik. Okrasite s četrtinami limete in postrezite.

Hrustljava tilapija z gorčično-javorjevo omako

Čas priprave + kuhanje: 65 minut | Obroki: 4

Sestavine

2 žlici javorjevega sirupa

6 žlic masla

2 žlici dijonske gorčice

2 žlici rjavega sladkorja

1 žlica peteršilja

1 žlica timijana

2 žlici sojine omake

2 žlici belega vinskega kisa

4 fileje tilapije s kožo

Navodila

Pripravite vodno kopel in vanjo postavite Sous Vide. Nastavite na 114 F.

Na zmernem ognju segrejte ponev in dajte 4 žlice masla, gorčico, rjavi sladkor, javorjev sirup, sojino omako, kis, peteršilj in timijan. Kuhajte 2 minuti. Odstavimo in pustimo 5 minut, da se ohladi.

Fileje tilapije položite v vakuumsko zaprto vrečko z javorjevo omako. Izpustite zrak z metodo izpodrivanja vode, zaprite in vrečko potopite v vodno kopel. Kuhajte 45 minut.

Ko se časovnik ustavi, odstranite fileje in jih osušite s kuhinjsko brisačo. V ponvi na srednjem ognju segrejte preostalo maslo in filete pražite 1-2 minuti.

Gorčična mečarica

Čas priprave + kuhanje: 55 minut | Obroki: 4

Sestavine

2 žlici olivnega olja

2 zrezka mečarice

Sol in črni poper po okusu

½ žličke Colemanove gorčice

2 žlici sezamovega olja

Navodila

Pripravite vodno kopel in vanjo postavite Sous Vide. Nastavite na 104 F. Mečarico začinite s soljo in poprom. Dobro premešajte olivno olje in gorčico. Mečarico položite v vakuumsko zaprto vrečko z gorčično mešanico. Izpustite zrak z metodo izpodrivanja vode. Pustite počivati v hladilniku 15 minut. Zaprite vrečko in jo potopite v vodno kopel. Kuhajte 30 minut.

V ponvi na močnem ognju segrejte sezamovo olje. Ko se časovnik ustavi, odstranite mečarico in jo osušite s kuhinjsko brisačo. Zavrzite kuhalne sokove. Prenesite v ponev in pražite 30 sekund na vsako stran. Mečarico narežemo na rezine in postrežemo.

Začinjene ribje tortilje

Čas priprave + kuhanje: 35 minut | Obroki: 6

Sestavine

⅓ skodelice smetane za stepanje

4 fileti morske plošče, olupljeni

1 žlička sesekljanega svežega cilantra

¼ žličke rdeče paprike

Sol in črni poper po okusu

1 žlica jabolčnega kisa

½ sladke čebule, sesekljane

6 tortilj

Naribana solata ledenka

1 velik paradižnik, narezan

Guacamole za okras

1 limeta, narezana na četrtine

Navodila

Pripravite vodno kopel in vanjo postavite Sous Vide. Nastavite na 134 F.

Filete zmešajte s cilantrom, kosmiči rdeče paprike, soljo in poprom. Postavite v vrečko, ki jo je mogoče vakuumsko zapreti. Izpustite zrak z metodo izpodrivanja vode, vrečko potopite v kopel. Kuhajte 25 minut.

Medtem zmešajte jabolčni kis, čebulo, sol in poper. Dati na stran. Ko se časovnik ustavi, odstranite fileje in jih osušite s kuhinjsko brisačo. S pihalnikom popečemo fileje. Nasekljajte na koščke. Čez tortiljo položite ribe, dodajte solato, paradižnik, smetano, mešanico čebule in guacamole. Okrasite z limeto.

Zrezki bazilike tune

Čas priprave + kuhanje: 45 minut | Obroki: 5

Sestavine

6 žlic oljčnega olja
4 zrezki tune
Sol in črni poper po okusu
Lupina in sok 1 limone
2 stroka česna, nasekljana
1 žlička sesekljane sveže bazilike

Navodila

Pripravite vodno kopel in vanjo postavite Sous Vide. Nastavite na 126 F. Tuno začinite s soljo in poprom. Zmešajte 4 žlice oljčnega olja, limonin sok in lupinico, česen in baziliko. Postavite v dve vrečki, ki jih je mogoče vakuumsko zapreti, z marinado citrusov. Izpustite zrak z metodo izpodrivanja vode, zaprite in vrečke potopite v vodno kopel. Kuhajte 35 minut.

Ko se časovnik ustavi, odstranite tuno in jo osušite s kuhinjsko brisačo. Sokove za kuhanje prihranite. V ponvi na močnem ognju segrejte olivno olje in tuno na vsaki strani pecite 1 minuto.

Prestavimo na krožnik in pokapamo s kuhalnim sokom. Najbolje postreženo z rižem.

Mečarica in krompirjeva solata z olivami Kalamata

Čas priprave + kuhanje: 3 ure 5 minut | Obroki: 2

Sestavine

Krompir

3 žlice olivnega olja

1 funt sladkega krompirja

2 žlički soli

3 vejice svežega timijana

ribe

1 žlica oljčnega olja

1 zrezek mečarice

Sol in črni poper po okusu

1 žlička repičnega olja

Solata

1 skodelica listov mlade špinače

1 skodelica češnjevih paradižnikov, prepolovljena

¼ skodelice narezanih oliv Kalamata

1 žlica oljčnega olja

1 žlička dijonske gorčice

3 žlice jabolčnega kisa

¼ žličke soli

Navodila

Za pripravo krompirja: pripravite vodno kopel in vanjo postavite Sous Vide. Nastavite na 192 F.

Krompir, olivno olje, morsko sol in timijan dajte v vrečko, ki jo je mogoče vakuumsko zapreti. Izpustite zrak z metodo izpodrivanja vode, zaprite in vrečko potopite v vodno kopel. Kuhajte 1 uro in 15 minut. Ko se časovnik ustavi, odstranite vrečko in je ne odpirajte. Dati na stran.

Za pripravo rib: naredite vodno kopel in vanjo postavite Sous Vide. Nastavite na 104 F. Mečarico začinite s soljo in poprom. Postavite v vakuumsko zaprto vrečko z oljčnim oljem. Izpustite zrak z metodo izpodrivanja vode, zaprite in vrečko potopite v vodno kopel. Kuhajte 30 minut.

V ponvi na visoki vročini segrejte olje oljne repice. Odstranite mečarico in jo osušite s kuhinjsko brisačo. Zavrzite sok od kuhanja. Mečarico prenesite v ponev in pecite 30 sekund na vsaki strani.

Narežemo na rezine in pokrijemo s plastično folijo. Dati na stran.

Na koncu naredimo solato: v solatno skledo dodamo češnjeve paradižnike, olive, olivno olje, gorčico, jabolčni kis in sol ter dobro premešamo. Dodajte mlado špinačo. Krompir odstranimo in prerežemo na pol. Zavrzite kuhalne sokove. Za serviranje solato obložite s krompirjem in mečarico.

Dimljeni losos

Čas priprave + kuhanje: 1 ura 20 minut | Obroki: 3

Sestavine:

3 fileji lososa brez kože
1 žlica sladkorja
2 žlički dimljene paprike
1 žlička gorčice v prahu

navodila:

Pripravite vodno kopel, vanjo postavite Sous Vide in jo nastavite na 115 F. Lososa začinite z 1 čajno žličko soli in položite v vrečko z zadrgo. Hladimo 30 minut.

V skledi zmešajte sladkor, dimljeno sol, preostalo sol in gorčico v prahu ter premešajte. Odstranite lososa iz hladilnika in ga natrite z mešanico menihovega prahu.

Lososa položite v vakuumsko zaprto vrečko, izpustite zrak z metodo izpodrivanja vode in vrečko zaprite. Potopite v vodno kopel in nastavite časovnik na 45 minut. Ko se časovnik ustavi, odstranite vrečko in jo odprite. Odstranite lososa in ga osušite s kuhinjsko brisačo. Ponev, ki se ne sprijema, postavite na srednji ogenj, dodajte lososa in ga pražite 30 sekund. Postrezite s prilogo poparjene zelenice.

Sladke maslene pokrovače s panceto

Čas priprave + kuhanje: 45 minut | Obroki: 6

Sestavine

12 velikih pokrovač
1 žlica oljčnega olja
Sol in črni poper po okusu
4 rezine pancete
2 žlici medu
2 žlici masla

Navodila

Pripravite vodno kopel in vanjo postavite Sous Vide. Nastavite na 126 F.

Pečico segrejte na 390 F. Pokrovače zmešajte z oljčnim oljem, soljo in poprom. Postavite v vrečko, ki jo je mogoče vakuumsko zapreti. Izpustite zrak z metodo izpodrivanja vode, zaprite in vrečko potopite v vodno kopel. Kuhajte 30 minut.

Panceto prestavimo v pekač, obložen z alu folijo, in jo z obeh strani namažemo z medom in poprom. Pečemo 20 minut. Prestavimo na krožnik. Maščobo pancete pridržimo.

Ko se časovnik ustavi, pokrovače odstranite in osušite s kuhinjsko brisačo. V ponvi na zmernem ognju stopite maslo in 1 žlico pancetine maščobe. Postavite pokrovače in kuhajte 1 minuto na vsaki strani, dokler ne postanejo zlato rjave. Panceto narežemo na majhne koščke. Pokrovače na krožnik. Okrasimo s panceto.

Linguine s čilijem in limono

Čas priprave + kuhanje: 2 uri 10 minut | Obroki: 4

Sestavine

3 žlice olivnega olja
4 trupa kalamara, očiščena
Sol in črni poper po okusu
10 unč posušenega lingvina
1 (16 unč) pločevinka paradižnika
2 stroka česna, nasekljana
1 žlička rdeče paprike
1 žlička popra serrano, sesekljanega
Lupina in sok 1 limone
3 žlice sesekljanega svežega peteršilja
3 žlice sesekljanega svežega kopra

Navodila

Pripravite vodno kopel in vanjo postavite Sous Vide. Nastavite na 134 F. Lignje začinite s soljo in poprom. Lignje in 2 žlici oljčnega olja dajte v vrečko, ki jo je mogoče vakuumsko zapreti. Izpustite zrak z metodo izpodrivanja vode, zaprite in vrečko potopite v vodno kopel. Kuhajte 2 uri. Po 1 uri in 45 minutah lingvine skuhamo po navodilih na embalaži. Odcedite.

Na srednjem ognju segrejte ponev in dodajte preostalo olivno olje, paradižnik, česen, poper serrano, limonino lupinico in sok ter 2 žlici peteršilja. Pražimo 3 minute. Ko se časovnik ustavi, odstranite lignje in jih osušite s kuhinjsko brisačo. Narežemo na drobne rezine. V vroči ponvi zmešajte testenine s paradižnikovo omako in kalamare. Pokapljamo z oljčnim oljem.

Rakovo meso z limetino masleno omako

Čas priprave + kuhanje: 70 minut | Obroki: 4

Sestavine

6 strokov česna, mletega
Lupina in sok ½ limete
1 funt rakovega mesa
4 žlice masla

Navodila

Pripravite vodno kopel in vanjo postavite Sous Vide. Nastavite na 137 F. Dobro zmešajte polovico česna, limetino lupinico in polovico limetinega soka. Dati na stran. Mešanico rakovega mesa, masla in limete dajte v vrečko, ki jo je mogoče vakuumsko zapreti. Izpustite zrak z metodo izpodrivanja vode, zaprite in vrečko potopite v vodno kopel. Kuhajte 50 minut. Ko se časovnik ustavi, odstranite vrečko. Zavrzite sok od kuhanja.

Na srednje nizkem ognju segrejte ponev in vanjo vlijte preostalo maslo, preostalo limetino mešanico in preostali limetin sok. Rakovico postrezite v 4 ramekinah, pokapane z limetinim maslom.

Hitri losos na severni način

Čas priprave + kuhanje: 30 minut | Obroki: 4

Sestavine

1 žlica oljčnega olja
4 fileji lososa, na koži
Sol in črni poper po okusu
Lupina in sok 1 limone
2 žlici rumene gorčice
2 žlici sezamovega olja

Navodila

Pripravite vodno kopel in vanjo postavite Sous Vide. Nastavite na 114 F. Lososa začinite s soljo in poprom. Zmešajte limonino lupinico in sok, olje in gorčico. Lososa položite v 2 vakuumsko zaprti vrečki z gorčično mešanico. Izpustite zrak z metodo izpodrivanja vode, zaprite in vrečke potopite v kopel. Kuhajte 20 minut. V ponvi segrejte sezamovo olje. Ko se časovnik ustavi, odstranite lososa in ga posušite. Lososa prenesite v ponev in pražite 30 sekund na vsako stran.

Okusna postrv z gorčico in tamari omako

Čas priprave + kuhanje: 35 minut | Obroki: 4

Sestavine

¼ skodelice olivnega olja

4 fileje postrvi, oluščene in narezane

½ skodelice omake Tamari

¼ skodelice svetlo rjavega sladkorja

2 stroka česna, nasekljana

1 žlica Colemanove gorčice

Navodila

Pripravite vodno kopel in vanjo postavite Sous Vide. Nastavite na 130 F. Zmešajte omako Tamari, rjavi sladkor, oljčno olje in česen. Postrvi položite v vakuumsko zaprto vrečko z mešanico tamari. Izpustite zrak z metodo izpodrivanja vode, zaprite in vrečko potopite v vodno kopel. Kuhajte 30 minut.

Ko se časovnik ustavi, postrvi odstranite in osušite s kuhinjsko brisačo. Zavrzite sok od kuhanja. Za postrežbo okrasite s tamari omako in gorčico.

Sezamova tuna z ingverjevo omako

Čas priprave + kuhanje: 45 minut | Obroki: 6

Sestavine:

tuna:

3 zrezki tune

Sol in črni poper po okusu

⅓ skodelice olivnega olja

2 žlici kanolinega olja

½ skodelice črnega sezama

½ skodelice belega sezama

Ingverjeva omaka:

1 cm ingverja, naribanega

2 šalotki, mleti

1 mlet rdeči čili

3 žlice vode

2 ½ limetinega soka

1 ½ žlice riževega kisa

2 ½ žlici sojine omake

1 žlica ribje omake

1 ½ žlice sladkorja

1 šopek listov zelene solate

navodila:

Začnite z omako: majhno ponev postavite na majhen ogenj in dodajte olivno olje. Ko se segreje, dodajte ingver in čili. Kuhamo 3 minute. Dodamo sladkor in kis, premešamo in kuhamo, dokler se sladkor ne raztopi. Dodamo vodo in zavremo. Dodajte sojino omako, ribjo omako in limetin sok ter kuhajte 2 minuti. Odstavimo, da se ohladi.

Naredite vodno kopel, vanjo postavite Sous Vide in nastavite na 110 F. Tuno začinite s soljo in poprom ter dajte v 3 ločene vrečke, ki jih je mogoče vakuumsko zapreti. Dodajte olivno olje, izpustite zrak iz vrečke z metodo izpodrivanja vode, zaprite in vrečko potopite v vodno kopel. Nastavite časovnik na 30 minut.

Ko se časovnik ustavi, vrečko odstranite in odprite. Tuno odložimo. Ponev postavite na majhen ogenj in dodajte olje oljne repice. Med segrevanjem v posodi zmešamo sezamovo seme. Posušite tuno, jo obložite s sezamom in zgoraj in spodaj pražite na segretem olju, dokler semena ne začnejo pražiti.

Tuno narežemo na tanke trakove. Servirni krožnik obložimo s solato in na posteljico iz solate razporedimo tuno. Postrezite z ingverjevo omako kot predjed.

Božanski česnovo-limonini zvitki z rakovico

Čas priprave + kuhanje: 60 minut | Obroki: 4

Sestavine

4 žlice masla

1 funt kuhanega rakovega mesa

2 stroka česna, nasekljana

Lupina in sok ½ limone

½ skodelice majoneze

1 čebulica koromača, sesekljana

Sol in črni poper po okusu

4 zvitki, razrezani, naoljeni in popečeni

Navodila

Pripravite vodno kopel in vanjo postavite Sous Vide. Nastavite na 137 F. Zmešajte česen, limonino lupinico in 1/4 skodelice limoninega soka. Rakovo meso položite v vakuumsko zaprto vrečko z mešanico masla in limone. Izpustite zrak z metodo izpodrivanja vode, zaprite in vrečko potopite v vodno kopel. Kuhajte 50 minut.

Ko se časovnik ustavi, odstranite vrečko in jo prenesite v skledo. Zavrzite sok od kuhanja. Rakovo meso zmešajte s preostalim limoninim sokom, majonezo, koromačem, koprom, soljo in poprom. Pred serviranjem zvitke napolnite z mešanico iz rakovega mesa.

Začinjena ožgana hobotnica z limonino omako

Čas priprave + kuhanje: 4 ure 15 minut | Obroki: 4

Sestavine

5 žlic oljčnega olja
1 funt lovk hobotnice
Sol in črni poper po okusu
2 žlici limoninega soka
1 žlica limonine lupinice
1 žlica mletega svežega peteršilja
1 žlička timijana
1 žlica paprike

Navodila

Pripravite vodno kopel in vanjo postavite Sous Vide. Nastavite na 179 F. Lovke narežite na srednje velike kose. Začinimo s soljo in poprom. Dolžine z olivnim oljem položite v vrečko, ki jo je mogoče vakuumsko zapreti. Izpustite zrak z metodo izpodrivanja vode, zaprite in vrečko potopite v vodno kopel. Kuhajte 4 ure.

Ko se časovnik ustavi, odstranite hobotnico in jo osušite s kuhinjsko brisačo. Zavrzite sok od kuhanja. Pokapljamo z oljčnim oljem.

Na srednjem ognju segrejte žar in pecite lovke 10-15 sekund na vsako stran. Dati na stran. Dobro premešajte limonin sok, limonino lupinico, papriko, timijan in peteršilj. Hobotnico prelijemo z limoninim prelivom.

Kreolski ražnjiči s kozicami

Čas priprave + kuhanje: 50 minut | Obroki: 4

Sestavine

Lupina in sok 1 limone

6 žlic masla

2 stroka česna, nasekljana

Sol in beli poper po okusu

1 žlica kreolske začimbe

1½ funta kozic brez žlebov

1 žlica mletega svežega kopra + za okras

Limonine rezine

Navodila

Pripravite vodno kopel in vanjo postavite Sous Vide. Nastavite na 137 F.

V ponvi na srednjem ognju stopite maslo in mu dodajte česen, kreolske začimbe, limonino lupinico in sok, sol in poper. Kuhajte 5 minut, dokler se maslo ne stopi. Odstavimo in pustimo, da se ohladi.

Kozice z masleno mešanico položite v vrečko, ki jo je mogoče vakuumsko zapreti. Izpustite zrak z metodo izpodrivanja vode, zaprite in vrečko potopite v vodno kopel. Kuhajte 30 minut.

Ko se časovnik ustavi, odstranite kozice in jih osušite s kuhinjsko brisačo. Zavrzite sok od kuhanja. Na ražnjiče nanizamo kozice, ki jih za serviranje okrasimo s koprom in ožeto limono.

Kozica s pikantno omako

Čas priprave + kuhanje: 40 minut + čas hlajenja | Obroki: 5

Sestavine

2 funta kozic, očiščenih in olupljenih
1 skodelica paradižnikove mezge
2 žlici hrenove omake
1 žlička limoninega soka
1 žlička omake Tabasco
Sol in črni poper po okusu

Navodila

Pripravite vodno kopel in vanjo postavite Sous Vide. Nastavite na 137 F. Postavite kozico v vrečko, ki jo je mogoče vakuumsko zapreti. Izpustite zrak z metodo izpodrivanja vode, zaprite in potopite vrečko v kopel. Kuhajte 30 minut.

Ko se časovnik ustavi, odstranite vrečko in jo za 10 minut prenesite v kopel z ledeno vodo. Pustite, da se ohladi v hladilniku 1-6 ur. Dobro zmešajte paradižnikovo mezgo, hrenovo omako, sojino omako, limonin sok, omako Tabasco, sol in poper. Z omako postrezite kozice.

Morski list s šalotko in pehtranom

Čas priprave + kuhanje: 50 minut | Obroki: 2

Sestavine:

2 lb filejev morske plošče
3 vejice pehtranovih listov
1 žlička česna v prahu
1 žlička čebule v prahu
Sol in beli poper po okusu
2 ½ žličke + 2 žlički masla
2 šalotki, olupljeni in prepolovljeni
2 vejici timijana
Limonine rezine za okras

navodila:

Naredite vodno kopel, vanjo postavite Sous Vide in nastavite na 124 F. Fileje morske plošče narežite na 3 dele vsakega in jih natrite s soljo, česnom v prahu, čebulo v prahu in poprom. Fileje, pehtran in 2 ½ čajne žličke masla položite v 3 različne vrečke, ki jih je mogoče vakuumsko zapreti. Izpustite zrak z metodo izpodrivanja vode in zaprite vrečke. Postavite jih v vodno kopel in kuhajte 40 minut.

Ko se časovnik ustavi, odstranite in odprite vrečke. Ponev pristavimo na majhen ogenj in dodamo preostalo maslo. Ko je segreto, morskim ploščam odstranite kožo in jo posušite. Dodajte morske plošče s šalotko in timijanom ter popecite spodaj in zgoraj, dokler ne postanejo hrustljavi. Okrasite z rezinami limone. Postrezite s prilogo iz dušene zelenjave.

Zeliščno maslo Limona Trska

Čas priprave + kuhanje: 37 minut | Obroki: 6

Sestavine

8 žlic masla

6 filejev trske

Sol in črni poper po okusu

Lupina ½ limone

1 žlica mletega svežega kopra

½ žlice mletega svežega drobnjaka

½ žlice mlete sveže bazilike

½ žlice mletega svežega žajblja

Navodila

Pripravite vodno kopel in vanjo postavite Sous Vide. Nastavite na 134 F. Trsko začinite s soljo in poprom. Polenovko in limonino lupinico dajte v vrečko, ki jo je mogoče vakuumsko zapreti.

V ločeno vakuumsko zaprto vrečko dajte maslo, polovico kopra, drobnjak, baziliko in žajbelj. Izpustite zrak z metodo izpodrivanja vode, zaprite in obe vrečki potopite v vodno kopel. Kuhajte 30 minut.

Ko se časovnik ustavi, odstranite trsko in jo osušite s kuhinjsko brisačo. Zavrzite sok od kuhanja. Iz druge vrečke odstranite maslo in prelijte po polenovki. Okrasite s preostalim koprom.

Škrnja z Beurre Nantais

Čas priprave + kuhanje: 45 minut | Obroki: 6

Sestavine:

kirnja:

2 lb kirnja, razrezana na 3 kose

1 žlička kumine v prahu

½ žličke česna v prahu

½ žličke čebule v prahu

½ žličke koriandra v prahu

¼ skodelice začimb za ribe

¼ skodelice orehovega olja

Sol in beli poper po okusu

Beurre Blanc:

1 lb masla

2 žlici jabolčnega kisa

2 šalotki, mleti

1 žlička zdrobljenega popra

5 oz težke smetane,

Sol po okusu

2 vejici kopra

1 žlica limoninega soka

1 žlica žafrana v prahu

navodila:

Naredite vodno kopel, vanjo postavite Sous Vide in nastavite na 132 F. Koščke kirnje začinite s soljo in belim poprom. Postavite v vrečko, ki jo je mogoče vakuumsko zapreti, izpustite zrak z metodo izpodrivanja vode, zaprite in vrečko potopite v vodno kopel. Nastavite časovnik na 30 minut. Zmešajte kumino, česen, čebulo, koriander in začimbe za ribe. Dati na stran.

Medtem pripravite beurre blanc. Ponev postavite na zmeren ogenj in dodajte šalotko, kis in poper v zrnu. Kuhajte, da dobite sirup. Zmanjšajte toploto na nizko in dodajte maslo, nenehno mešajte. Dodamo koper, limonin sok in žafran v prahu, neprestano mešamo in kuhamo 2 minuti. Dodamo smetano in začinimo s soljo. Kuhajte 1 minuto. Izklopite toploto in odstavite.

Ko se časovnik ustavi, vrečko odstranite in odprite. Ponev pristavimo na srednji ogenj, dodamo orehovo olje. Škrnjino in začinimo z začimbno mešanico osušimo in popečemo na segretem olju. Postrezite škarpino in beurre nantais s prilogo dušene špinače.

Tunini kosmiči

Čas priprave + kuhanje: 1 ura 45 minut | Obroki: 4

Sestavine:

¼ lb tuninega zrezka
1 žlička rožmarinovih listov
1 žlička timijanovih listov
2 skodelici olivnega olja
1 strok česna, sesekljan

navodila:

Naredite vodno kopel, vanjo postavite Sous Vide in nastavite na 135 F. V vrečko, ki jo lahko vakuumsko zaprete, dajte zrezek tune, sol, rožmarin, česen, timijan in dve žlici olja. Izpustite zrak z metodo izpodrivanja vode, zaprite in vrečko potopite v vodno kopel. Nastavite časovnik na 1 uro 30 minut.

Ko se časovnik ustavi, odstranite vrečko. Tuno damo v skledo in odstavimo. Ponev pristavimo na močan ogenj, dodamo preostalo olivno olje. Ko se segreje, prelijemo čez tuno. Tuno razkosmite z dvema vilicama. Prenesite in shranite v nepredušni posodi z oljčnim oljem do enega tedna. Postrezite v solatah.

Pokrovače na maslu

Čas priprave + kuhanje: 55 minut | Obroki: 3

Sestavine:

½ lb pokrovače
3 žličke masla (2 žlički za kuhanje + 1 žlička za praženje)
Sol in črni poper po okusu

navodila:

Naredite vodno kopel, vanjo postavite Sous Vide in nastavite na 140 F. Posušite pokrovače s papirnato brisačo. V vrečko, ki jo je mogoče vakuumsko zapreti, dajte pokrovače, sol, 2 žlici masla in poper. Izpustite zrak z metodo izpodrivanja vode, zaprite in potopite vrečko v vodno kopel ter nastavite časovnik na 40 minut.

Ko se časovnik ustavi, vrečko odstranite in odprite. Pokrovače osušite s papirnato brisačo in odložite. Ponev pristavimo na srednji ogenj in preostalo maslo. Ko se stopi, pokrovače popražimo z obeh strani do zlato rjave barve. Postrezite s prilogo iz na maslu namazane mešane zelenjave.

Minty sardine

Čas priprave + kuhanje: 1 ura 20 minut | Obroki: 3

Sestavine:

2 funta sardel
¼ skodelice olivnega olja
3 stroki česna, strti
1 velika limona, sveže iztisnjena
2 vejici sveže mete
Sol in črni poper po okusu

navodila:

Vsako ribo operemo in očistimo, vendar ohranimo kožo. Posušite s kuhinjskim papirjem.

V veliki skledi zmešajte oljčno olje s česnom, limoninim sokom, svežo meto, soljo in poprom. Sardine skupaj z marinado položite v veliko vrečko, ki jo je mogoče vakuumsko zapreti. Kuhajte v vodni kopeli eno uro pri 104 F. Odstranite iz kopeli in odcedite, vendar prihranite omako. Ribe prelijemo z omako in poparjenim porom.

Orada v belem vinu

Čas priprave + kuhanje: 2 uri | Obroki: 2

Sestavine:

1 funt orade, debele približno 1 palec, očiščene
1 skodelica ekstra deviškega oljčnega olja
1 limona, iztisnjen sok
1 žlica sladkorja
1 žlica posušenega rožmarina
½ žlice posušenega origana
2 stroka česna, zdrobljena
½ skodelice belega vina
1 žlička morske soli

navodila:

V veliki skledi zmešajte olivno olje z limoninim sokom, sladkorjem, rožmarinom, origanom, strtim česnom, vinom in soljo. V to mešanico potopite ribe in jih eno uro marinirajte v hladilniku. Odstranite iz hladilnika in odcedite, vendar tekočino prihranite za serviranje. Filete položite v veliko vrečko, ki jo je mogoče vakuumsko zapreti, in jo zaprite. Kuhajte en Sous Vide 40 minut pri 122 F. Fileje pokapajte s preostalo marinado in postrezite.

Solata iz lososa in ohrovta z avokadom

Čas priprave + kuhanja: 1 ura | Obroki: 3

Sestavine:

1 funt fileja lososa brez kože
Sol in črni poper po okusu
½ bio limone, iztisnjene v soku
1 žlica oljčnega olja
1 skodelica ohrovtovih listov, narezanih
½ skodelice praženega korenja, narezanega
½ zrelega avokada, narezanega na majhne kocke
1 žlica svežega kopra
1 žlica svežih listov peteršilja

navodila:

File na obeh straneh posolite in popoprajte ter položite v veliko vrečko, ki jo je mogoče vakuumsko zapreti. Zaprite vrečko in kuhajte en sous vide 40 minut pri 122 F. Odstranite lososa iz vodne kopeli in ga postavite na stran.

V skledi mešalnika zmešajte limonin sok, ščepec soli in črnega popra ter med nenehnim mešanjem postopoma dodajte olivno olje. Dodajte nariban ohrovt in premešajte, da se enakomerno prekrije z vinaigrette. Dodajte praženo korenje, avokado, koper in peteršilj. Nežno premešajte, da se združi. Prestavite v servirno skledo in postrezite z lososom na vrhu.

Ingverjev losos

Čas priprave + kuhanje: 45 minut | Obroki: 4

Sestavine:

4 fileji lososa s kožo
2 žlici sezamovega olja
1 ½ olivnega olja
2 žlici naribanega ingverja
2 žlici sladkorja

navodila:

Naredite vodno kopel, vanjo postavite Sous Vide in nastavite na 124F. Lososa začinite s soljo in poprom. Preostalo navedeno sestavino damo v skledo in premešamo.

Mešanico lososa in sladkorja dajte v dve vrečki, ki jih je mogoče vakuumsko zapreti, izpustite zrak z metodo izpodrivanja vode, zaprite in vrečko potopite v vodno kopel. Nastavite časovnik na 30 minut.

Ko se časovnik ustavi, vrečko odstranite in odprite. Ponev postavite na srednji ogenj, na dno položite kos pergamentnega papirja in segrejte. Dodajte lososa s kožo navzdol in pražite vsakega 1 minuto. Postrezite s prilogo brokolija na maslu.

Školjke v svežem limetinem soku

Čas priprave + kuhanje: 40 minut | Obroki: 2

Sestavine:

1 funt svežih školjk brez brade
1 srednje velika čebula, olupljena in drobno sesekljana
Strok česna, zdrobljen
½ skodelice sveže iztisnjenega limetinega soka
¼ skodelice svežega peteršilja, drobno sesekljanega
1 žlica drobno sesekljanega rožmarina
2 žlici olivnega olja

navodila:

Dagnje skupaj z limetinim sokom, česnom, čebulo, peteršiljem, rožmarinom in oljčnim oljem dajte v veliko vrečko, ki jo je mogoče vakuumsko zapreti. Kuhajte en Sous Vide 30 minut pri 122 F. Postrezite z zeleno solato.

Z zelišči marinirani tunini zrezki

Čas priprave + kuhanje: 1 ura 25 minut | Obroki: 5

Sestavine:

2 funta tuninih zrezkov, debelih približno 1 cm
1 žlička posušenega timijana, zmleta
1 žlička sveže bazilike, drobno sesekljane
¼ skodelice drobno sesekljane šalotke
2 žlici svežega peteršilja, drobno sesekljanega
1 žlica svežega kopra, drobno sesekljanega
1 žlička sveže naribane limonine lupinice
½ skodelice sezamovih semen
4 žlice olivnega olja
Sol in črni poper po okusu

navodila:

Tunine fileje operemo pod hladno tekočo vodo in osušimo s kuhinjskim papirjem. Dati na stran.

V veliki skledi zmešajte timijan, baziliko, šalotko, peteršilj, koper, olje, sol in poper. Mešajte, dokler se dobro ne premeša, nato pa zrezke namočite v tej marinadi. Dobro premažemo in postavimo v hladilnik za 30 minut.

Zrezke skupaj z marinado položite v veliko vrečko, ki jo je mogoče vakuumsko zapreti. Pritisnite vrečko, da odstranite zrak in zaprite pokrov. Kuhajte en Sous Vide 40 minut pri 131 stopinjah.

Zrezke vzamemo iz vrečke in preložimo na kuhinjski papir. Nežno posušite in odstranite zelišča. Ponev segrejte na visoki temperaturi. Zrezke povaljamo v sezamu in prestavimo v ponev. Pečemo 1 minuto na vsaki strani in odstavimo z ognja.

Polpete iz rakovega mesa

Čas priprave + kuhanje: 65 minut | Obroki: 4

Sestavine:

1 funt grude rakovega mesa
1 skodelica rdeče čebule, drobno sesekljane
½ skodelice rdeče paprike, drobno sesekljane
2 žlici čilija, drobno sesekljanega
1 žlica listov zelene, drobno narezanih
1 žlica peteršiljevih listov, drobno sesekljanih
½ žličke pehtrana, drobno sesekljanega
Sol in črni poper po okusu
4 žlice olivnega olja
2 žlici mandljeve moke
3 jajca, pretepena

navodila:

V ponvi segrejte 2 žlici olivnega olja in dodajte čebulo. Med mešanjem pražimo, da postekleni, in dodamo sesekljano rdečo papriko in čili. Med stalnim mešanjem kuhamo 5 minut.

Prenesite v veliko skledo. Dodamo rakovo meso, zeleno, peteršilj, pehtran, sol, poper, mandljevo moko in jajca. Dobro premešajte in zmes oblikujte v polpete s premerom 2 cm. Polpete nežno razdelite med 2 vakuumsko zaprti vrečki in ju zaprite. Kuhajte v sous videu 40 minut pri 122 F.

Preostalo olivno olje segrejte v ponvi proti prijemanju na močnem ognju. Polpete vzamemo iz vodne kopeli in prestavimo v ponev. Na kratko popecite na obeh straneh 3-4 minute in postrezite.

Chili Smelts

Čas priprave + kuhanje: 1 ura 15 minut | Obroki: 5

Sestavine:

1 funt svežih dišav
½ skodelice limoninega soka
3 stroki česna, strti
1 žlička soli
1 skodelica ekstra deviškega oljčnega olja
2 žlici svežega kopra, drobno sesekljanega
1 žlica drobnjaka, mletega
1 žlica čilija, mletega

navodila:

Smelte splaknite pod hladno tekočo vodo in odcedite. Dati na stran.

V veliki skledi zmešajte olivno olje z limoninim sokom, strtim česnom, morsko soljo, drobno sesekljanim koprom, mletim drobnjakom in čilijem. V to mešanico položite žličke in pokrijte. Hladite 20 minut.

Vzamemo iz hladilnika in skupaj z marinado damo v veliko vrečko, ki jo je mogoče vakuumsko zapreti. Kuhajte v sous videu 40 minut pri 104 F. Odstranite iz vodne kopeli in odcedite, vendar prihranite tekočino.

Na srednjem ognju segrejte veliko ponev. Dodamo žganje in na kratko kuhamo, 3-4 minute, jih obračamo. Odstavimo z ognja in prestavimo na servirni krožnik. Prelijemo z marinado in takoj postrežemo.

Marinirani fileji soma

Čas priprave + kuhanje: 1 ura 20 minut | Obroki: 3

Sestavine:

1 funt fileja soma

½ skodelice limoninega soka

½ skodelice peteršiljevih listov, drobno sesekljanih

2 stroka česna, zdrobljena

1 skodelica čebule, drobno sesekljane

1 žlica svežega kopra, drobno sesekljanega

1 žlica svežih rožmarinovih listov, drobno sesekljanih

2 skodelici sveže iztisnjenega jabolčnega soka

2 žlici dijonske gorčice

1 skodelica ekstra deviškega oljčnega olja

navodila:

V veliki skledi zmešajte limonin sok, liste peteršilja, strt česen, drobno sesekljano čebulo, svež koper, rožmarin, jabolčni sok, gorčico in olivno olje. Mešajte skupaj, dokler ni dobro vključeno. V to mešanico potopite fileje in pokrijte s tesnim pokrovom. Hladimo 30 minut.

Vzamemo iz hladilnika in damo v 2 vakuumsko zaprti vrečki. Zaprite in kuhajte v sous videu 40 minut pri 122 F. Odstranite in odcedite; rezervirajte tekočino. Postrezite politega z lastno tekočino.

Peteršiljeve kozice z limono

Čas priprave + kuhanje: 35 minut | Obroki: 4

Sestavine:

12 velikih kozic, olupljenih in razrezanih
1 žlička soli
1 žlička sladkorja
3 žličke olivnega olja
1 lovorjev list
1 vejica peteršilja, sesekljana
2 žlici limonine lupinice
1 žlica limoninega soka

navodila:

Naredite vodno kopel, vanjo postavite Sous Vide in nastavite na 156 F. V skledo dodajte kozice, sol in sladkor, premešajte in pustite stati 15 minut. V vakuumsko zaprto vrečko dajte kozice, lovorjev list, olivno olje in limonino lupinico. Izpustite zrak z metodo izpodrivanja vode in zaprite. Potopite v kopel in kuhajte 10 minut. Ko se časovnik ustavi, odstranite in odprite vrečko. Posujte kozice in jih pokapajte z limoninim sokom.

Sous Vide morska plošča

Čas priprave + kuhanje: 1 ura 20 minut | Obroki: 4

Sestavine:

1 funt fileja morske plošče

3 žlice olivnega olja

¼ skodelice šalotke, drobno sesekljane

1 žlička sveže naribane limonine lupinice

½ žličke posušenega timijana, mletega

1 žlica svežega peteršilja, drobno sesekljanega

1 žlička svežega kopra, drobno sesekljanega

Sol in črni poper po okusu

navodila:

Ribe operemo pod hladno tekočo vodo in osušimo s kuhinjskim papirjem. Narežemo na tanke rezine, izdatno potresemo s soljo in poprom. Postavite v veliko vrečko, ki jo je mogoče vakuumsko zapreti, in dodajte dve žlici olivnega olja. Začinite s šalotko, timijanom, peteršiljem, koprom, soljo in poprom.

Pritisnite vrečko, da odstranite zrak in zaprite pokrov. Stresite vrečko, da se vsi fileji prekrijejo z začimbami, in pred kuhanjem postavite v hladilnik za 30 minut. Kuhajte v sous videu 40 minut pri 131 F.

Odstranite vrečko iz vode in jo za nekaj časa postavite na hladno. Položimo na kuhinjski papir in odcedimo. Odstranite zelišča.

Preostalo olje segrejte v veliki ponvi na visoki temperaturi. Dodamo fileje in kuhamo 2 minuti. Fileje obrnite in kuhajte približno 35-40 sekund, nato jih odstavite z ognja. Ribo ponovno preložimo na papirnato brisačo in odstranimo odvečno maščobo. Postrezite takoj.

Podplat z limoninim maslom

Čas priprave + kuhanje: 45 minut | Obroki: 3

Sestavine:

3 fileti morskega lista
1 ½ žlice nesoljenega masla
¼ skodelice limoninega soka
½ žličke limonine lupinice
Limonin poper po okusu
1 vejica peteršilja za okras

navodila:

Naredite vodno kopel, vanjo postavite Sous Vide in nastavite na 132 F. Podplat posušite in ga položite v 3 ločene vrečke, ki jih je mogoče vakuumsko zapreti. Izpustite zrak z metodo izpodrivanja vode in zaprite vrečke. Potopite v vodno kopel in nastavite časovnik na 30 minut.

Majhno ponev postavite na srednji ogenj, dodajte maslo. Ko se stopi, odstavite z ognja. Dodamo limonin sok in limonino lupinico ter premešamo.

Ko se časovnik ustavi, vrečko odstranite in odprite. Fileje morskega lista preložite na servirne krožnike, jih pokapajte z masleno omako in okrasite s peteršiljem. Postrezite s prilogo zelene zelenjave na pari.

Enolončnica iz bazilike

Čas priprave + kuhanje: 50 minut | Obroki: 4

Sestavine:

1 funt fileja trske
1 skodelica pečenih paradižnikov
1 žlica bazilike, posušene
1 skodelica ribje osnove
2 žlici paradižnikove paste
3 stebla zelene, drobno narezana
1 korenček, narezan
¼ skodelice olivnega olja
1 čebula, drobno sesekljana
½ skodelice gob

navodila:

V veliki ponvi na srednjem ognju segrejte oljčno olje. Dodajte zeleno, čebulo in korenček. Med mešanjem pražimo 10 minut. Odstranite z ognja in skupaj z drugimi sestavinami prenesite v vrečko, ki jo je mogoče vakuumsko zapreti. Kuhajte v sous videu 40 minut pri 122 F.

Enostavna tilapija

Čas priprave + kuhanja: 1 ura 10 minut | Obroki: 3

Sestavine

3 (4 oz) fileti tilapije
3 žlice masla
1 žlica jabolčnega kisa
Sol in črni poper po okusu

navodila:

Naredite vodno kopel, vanjo postavite Sous Vide in nastavite na 124 F. Tilapijo začinite s poprom in soljo ter jo postavite v vrečko, ki jo je mogoče vakuumsko zapreti. Izpustite zrak z metodo izpodrivanja vode in zaprite vrečko. Potopite ga v vodno kopel in nastavite časovnik za 1 uro.

Ko se časovnik ustavi, vrečko odstranite in odprite. Ponev pristavimo na srednji ogenj in dodamo maslo in kis. Dušimo in nenehno mešamo, da se kis zmanjša za polovico. Dodajte tilapijo in rahlo prepražite. Po želji začinimo s soljo in poprom. Postrezite s prilogo iz maslene zelenjave.

Losos s šparglji

Čas priprave + kuhanja: 3 ure 15 minut | Obroki: 6

Sestavine:

1 funt fileja divjega lososa
1 žlica oljčnega olja
1 žlica posušenega origana
12 srednje velikih špargljev
4 obročki bele čebule
1 žlica svežega peteršilja
Sol in črni poper po okusu

navodila:

File na obeh straneh začinimo z origanom, soljo in poprom ter rahlo premažemo z olivnim oljem.

Postavite v veliko posodo, ki jo lahko vakuumsko zaprete, skupaj z drugimi sestavinami. Zmešajte vse začimbe v mešalni posodi. Mešanico enakomerno vtrite na obe strani zrezka in položite v veliko vrečko, ki jo je mogoče vakuumsko zapreti. Zaprite vrečko in kuhajte v sous videu 3 ure pri 136 F.

Curry Skuša

Čas priprave + kuhanje: 55 minut | Obroki: 3

Sestavine:

3 fileji skuše, odstranjene glave
3 žlice curry paste
1 žlica oljčnega olja
Sol in črni poper po okusu

navodila:

Naredite vodno kopel, vanjo postavite Sous Vide in nastavite na 120 F. Skušo začinite s poprom in soljo ter jo položite v vrečko, ki jo je mogoče vakuumsko zapreti. Izpustite zrak z metodo izpodrivanja vode, zaprite in potopite v vodno kopel ter nastavite časovnik na 40 minut.

Ko se časovnik ustavi, vrečko odstranite in odprite. Ponev pristavimo na srednji ogenj, dodamo olivno olje. Skušo premažite s karijem (skuše ne posušite s tapkanjem)

Ko se segreje, dodajte skuše in pražite do zlato rjave barve. Postrezite s prilogo dušene zelene listnate zelenjave.

Lignji z rožmarinom

Čas priprave + kuhanja: 1 ura in 15 minut | Obroki: 3

Sestavine:

1 funt svežih lignjev, celih

½ skodelice ekstra deviškega oljčnega olja

1 žlica rožnate himalajske soli

1 žlica posušenega rožmarina

3 stroki česna, strti

3 češnjevi paradižniki, prepolovljeni

navodila:

Vsakega lignja temeljito sperite pod tekočo vodo. Z ostrim nožem za lupljenje odstranimo glave in očistimo vsakega lignja.

V veliki skledi zmešajte oljčno olje s soljo, posušenim rožmarinom, češnjevimi paradižniki in strtim česnom. V to mešanico potopite lignje in jih pustite v hladilniku 1 uro. Nato odstranite in odcedite. Lignje in češnjeve paradižnike položite v veliko vrečko, ki jo je mogoče vakuumsko zapreti. Kuhajte en sous vide eno uro pri 136 F.

Ocvrte limonine kozice

Čas priprave + kuhanje: 50 minut | Obroki: 3

Sestavine:

1 funt kozic, olupljenih in razrezanih
3 žlice olivnega olja
½ skodelice sveže iztisnjenega limoninega soka
1 strok česna, zdrobljen
1 žlička svežega zdrobljenega rožmarina
1 žlička morske soli

navodila:

Olivno olje zmešajte z limoninim sokom, strtim česnom, rožmarinom in soljo. Z mešanico s kuhinjskim čopičem porazdelite vsako kozico in jo položite v veliko vrečko, ki jo lahko vakuumsko zaprete. Kuhajte v sous videu 40 minut pri 104 F.

Žar hobotnica

Čas priprave + kuhanja: 5 ur 20 minut | Obroki: 3

Sestavine:

½ lb srednje velike lovke hobotnice, blanširane
Sol in črni poper po okusu
3 žličke + 3 žlice oljčnega olja
2 žlički posušenega origana
2 vejici svežega peteršilja, sesekljan
Led za ledeno kopel

navodila:

Naredite vodno kopel, vanjo postavite Sous Vide in nastavite na 171 F.

V vakuumsko zaprto vrečko dajte hobotnico, sol, 3 žličke oljčnega olja in poper. Izpustite zrak z metodo izpodrivanja vode, zaprite in vrečko potopite v vodno kopel. Nastavite časovnik na 5 ur.

Ko se časovnik ustavi, odstranite vrečko in jo pokrijte v ledeni kopeli. Dati na stran. Predgrejte žar.

Ko se žar segreje, hobotnico prestavimo na krožnik, dodamo 3 žlice olivnega olja in zmasiramo. Hobotnico spečemo na žaru, da se na vsaki strani lepo prepeče. Posujte hobotnico in jo okrasite s peteršiljem in origanom. Postrezite s sladko, pikantno omako.

Zrezki divjega lososa

Čas priprave + kuhanje: 1 ura 25 minut | Obroki: 4

Sestavine:

2 funta zrezkov divjega lososa
3 stroki česna, strti
1 žlica svežega rožmarina, drobno sesekljanega
1 žlica sveže iztisnjenega limoninega soka
1 žlica sveže iztisnjenega pomarančnega soka
1 žlička pomarančne lupinice
1 čajna žlička rožnate himalajske soli
1 skodelica ribje osnove

navodila:

Pomarančni sok zmešajte z limoninim sokom, rožmarinom, česnom, pomarančno lupinico in soljo. Z mešanico premažite vsak zrezek in hladite 20 minut. Prenesite v veliko vrečko, ki jo je mogoče vakuumsko zapreti, in dodajte ribjo osnovo. Zaprite vrečko in kuhajte v sous videu 50 minut pri 131 F.

Predgrejte veliko ponev za žar, ki se ne sprijema. Zrezke vzamemo iz vrečke, ki jo je mogoče vakuumsko zapreti, in pečemo na žaru 3 minute na vsaki strani, dokler rahlo ne zogenejo.

Enolončnica iz tilapije

Čas priprave + kuhanje: 65 minut | Obroki: 3

Sestavine:

1 funt filejev tilapije
½ skodelice čebule, drobno sesekljane
1 skodelica korenja, drobno sesekljanega
½ skodelice listov cilantra, drobno sesekljanih
3 stroki česna, drobno sesekljani
1 skodelica zelene paprike, drobno sesekljane
1 žlička mešanice italijanskih začimb
1 žlička kajenskega popra
½ žličke čilija
1 skodelica svežega paradižnikovega soka
Sol in črni poper po okusu
3 žlice olivnega olja

navodila:

Na zmernem ognju segrejte olivno olje. Dodamo sesekljano čebulo in med mešanjem pražimo, da postekleni.

Zdaj dodajte papriko, korenje, česen, koriander, mešanico italijanskih začimb, kajenski poper, čili poper, sol in črni poper. Dobro premešamo in kuhamo še deset minut.

Odstranite z ognja in skupaj s paradižnikovim sokom in fileji tilapije prenesite v veliko vrečko, ki jo je mogoče vakuumsko zapreti. Kuhajte v sous videu 50 minut pri 122 F. Odstranite iz vodne kopeli in postrezite.

Maslene školjke s poprovimi zrni

Čas priprave + kuhanje: 1 ura 30 minut | Obroki: 2

Sestavine:

4 oz školjke v pločevinkah

¼ skodelice suhega belega vina

1 na kocke narezano steblo zelene

1 na kocke narezan pastinak

1 na četrtine narezana šalotka

1 lovorjev list

1 žlica črnega popra v zrnu

1 žlica oljčnega olja

8 žlic masla, sobne temperature

1 žlica mletega svežega peteršilja

2 stroka česna, nasekljana

Sol po okusu

1 žlička sveže mletega črnega popra

¼ skodelice panko drobtin

1 bageta, narezana

navodila:

Pripravite vodno kopel in vanjo postavite Sous Vide. Nastavite na 154 F. Postavite školjke, šalotko, zeleno, pastinak, vino, poprova zrna, oljčno olje in lovorjev list v vrečko, ki jo je mogoče vakuumsko zapreti. Izpustite zrak z metodo izpodrivanja vode, zaprite in vrečko potopite v vodno kopel. Kuhajte 60 minut.

Z mešalnikom vlijemo maslo, peteršilj, sol, česen in mleto papriko. Mešajte pri srednji hitrosti, dokler se ne združi. Mešanico dajte v plastično vrečko in jo zvijte. Postavite v hladilnik in pustite, da se ohladi.

Ko se časovnik ustavi, odstranite polže in zelenjavo. Zavrzite sok od kuhanja. Na močnem ognju segrejte ponev. Školjke prelijemo z maslom, potresemo z drobtinami in kuhamo 3 minute, dokler se ne stopijo. Postrezite s toplimi rezinami bagete.

Cilantro postrv

Čas priprave + kuhanje: 60 minut | Obroki: 4

Sestavine:

2 funta postrvi, 4 kosi
5 strokov česna
1 žlica morske soli
4 žlice olivnega olja
1 skodelica listov cilantra, drobno narezanih
2 žlici drobno sesekljanega rožmarina
¼ skodelice sveže iztisnjenega limoninega soka

navodila:

Ribe očistite in dobro sperite. Posušite s kuhinjskim papirjem in natrite s soljo. Česen zmešajte z oljčnim oljem, cilantrom, rožmarinom in limoninim sokom. Z mešanico napolnite vsako ribo. Postavite v ločene vrečke, ki jih je mogoče vakuumsko zapreti, in jih zaprite. Kuhajte en Sous Vide 45 minut pri 131 F.

Obročki lignjev

Čas priprave + kuhanje: 1 ura 25 minut | Obroki: 3

Sestavine:

2 skodelici kolobarjev lignjev
1 žlica svežega rožmarina
Sol in črni poper po okusu
½ skodelice oljčnega olja

navodila:

Zmešajte kolobarje lignjev z rožmarinom, soljo, poprom in oljčnim oljem v veliki čisti plastični vrečki. Vrečko zaprite in nekajkrat pretresite, da se dobro prekrije. Prenesite v veliko posodo, ki jo je mogoče vakuumsko zapreti, in zaprite vrečko. Kuhajte v sous videu 1 uro in 10 minut pri 131 F. Odstranite iz vodne kopeli in postrezite.

Čilijeva solata s kozicami in avokadom

Čas priprave + kuhanje: 45 minut | Obroki: 4

Sestavine:

1 sesekljana rdeča čebula
Sok 2 limet
1 žlička olivnega olja
¼ žličke morske soli
⅛ žličke belega popra
1 funt surove kozice, olupljene in razrezane
1 na kocke narezan paradižnik
1 na kocke narezan avokado
1 zelena paprika čili, brez semen in narezana na kocke
1 žlica sesekljanega cilantra

navodila:

Pripravite vodno kopel in vanjo postavite Sous Vide. Nastavite na 148 F.

Limetin sok, rdečo čebulo, morsko sol, beli poper, olivno olje in kozice dajte v vrečko, ki jo je mogoče vakuumsko zapreti. Izpustite zrak z metodo izpodrivanja vode, zaprite in vrečko potopite v vodno kopel. Kuhajte 24 minut.

Ko se časovnik ustavi, odstranite vrečko in jo za 10 minut prenesite v kopel z ledeno vodo. V skledi zmešajte paradižnik, avokado, zeleno papriko in koriander. Vsebino vrečke stresite na vrh.

Masleni rdeči hlastač z omako citrusnega žafrana

Čas priprave + kuhanje: 55 minut | Obroki: 4

Sestavine

4 kosi očiščen hlastač

2 žlici masla

Sol in črni poper po okusu

Za Citrusovo omako

1 limona

1 grenivka

1 limeta

3 pomaranče

1 žlička dijonske gorčice

2 žlici kanolinega olja

1 rumena čebula

1 na kocke narezana bučka

1 žlička žafranove niti

1 žlička na kocke narezanega čilija

1 žlica sladkorja

3 skodelice ribje osnove

3 žlice sesekljanega cilantra

Navodila

Pripravite vodno kopel in vanjo postavite Sous Vide. Nastavite na 132 F. Fileje hlastačev začinite s soljo in poprom ter jih položite v vrečko, ki jo je mogoče vakuumsko zapreti. Izpustite zrak z metodo izpodrivanja vode, zaprite in vrečko potopite v vodno kopel. Kuhajte 30 minut.

Sadje olupimo in narežemo na kocke. V ponvi na srednjem ognju segrejte olje in dajte čebulo in bučke. Pražimo 2-3 minute. Dodajte sadje, žafran, poper, gorčico in sladkor. Kuhajte še 1 minuto. Ribjo osnovo premešamo in dušimo 10 minut. Okrasite s cilantrom in pustite na stran. Ko se časovnik ustavi, odstranite ribo in jo preložite na krožnik. Glaziramo z citrusno-žafranovo omako in postrežemo.

File polenovke v sezamovi skorjici

Čas priprave + kuhanje: 45 minut | Obroki: 2

Sestavine

1 večji file polenovke
2 žlici sezamove paste
1½ žlice rjavega sladkorja
2 žlici ribje omake
2 žlici masla
sezamovo seme

Navodila

Pripravite vodno kopel in vanjo postavite Sous Vide. Nastavite na 131 F.

Trsko namočite z mešanico rjavega sladkorja, sezamove paste in ribje omake. Postavite v vrečko, ki jo je mogoče vakuumsko zapreti. Izpustite zrak z metodo izpodrivanja vode, zaprite in vrečko potopite v vodno kopel. Kuhajte 30 minut. V ponvi na srednjem ognju stopite maslo.

Ko se časovnik ustavi, odstranite trsko in jo prenesite v ponev ter pražite 1 minuto. Postrežemo na krožniku. V ponev vlijemo kuhalni sok in kuhamo, dokler se ne zmanjša. Dodajte 1 žlico masla in premešajte. Trsko prelijemo z omako in okrasimo s sezamovimi semeni. Postrezite z rižem.

Kremni losos s špinačo in gorčično omako

Čas priprave + kuhanje: 55 minut | Obroki: 2

jazsestavine

4 fileji lososa brez kože
1 velik šop špinače
½ skodelice dijonske gorčice
1 skodelica težke smetane
1 skodelica pol-pol smetane
1 žlica limoninega soka
Sol in črni poper po okusu

Navodila

Pripravite vodno kopel in vanjo postavite Sous Vide. Nastavite na 115 F. Lososa, začinjenega s soljo, položite v vrečko, ki jo je mogoče vakuumsko zapreti. Izpustite zrak z metodo izpodrivanja vode, zaprite in vrečko potopite v vodno kopel. Kuhajte 45 minut.

Na zmernem ognju segrejte lonec in kuhajte špinačo, dokler se ne zmehča. Znižajte ogenj in vlijte limonin sok, poper in sol. Nadaljujte s kuhanjem. Na zmernem ognju segrejte ponev in zmešajte smetano pol in pol ter dijonsko gorčico. Znižajte ogenj in kuhajte. Začinimo s soljo in poprom. Ko se časovnik ustavi, odstranite lososa in ga preložite na krožnik. Prelijemo z omako. Postrezite s špinačo.

Paprikaste pokrovače s svežo solato

Čas priprave + kuhanje: 55 minut | Obroki: 4

Sestavine

1 funt pokrovače
1 žlička česna v prahu
½ žličke čebule v prahu
½ žličke paprike
¼ žličke kajenskega popra
Sol in črni poper po okusu

Solata

3 skodelice koruznih zrn
½ pinta razpolovljenih češnjevih paradižnikov
1 na kocke narezana rdeča paprika
2 žlici sesekljanega svežega peteršilja

Oblačenje

1 žlica sveže bazilike
1 na četrtine narezana limona

Navodila

Pripravite vodno kopel in vanjo postavite Sous Vide. Nastavite na 122 F.

Pokrovače položite v vrečko, ki jo je mogoče vakuumsko zapreti. Začinimo s soljo in poprom. V skledi zmešajte česen v prahu, papriko, čebulo v prahu in kajenski poper. Nalijte notri. Izpustite zrak z metodo izpodrivanja vode, zaprite in vrečko potopite v vodno kopel. Kuhajte 30 minut.

Medtem segrejte pečico na 400 F. V pekač dajte koruzna zrna in rdečo papriko. Potresemo z oljčnim oljem in začinimo s soljo in poprom. Kuhajte 5-10 minut. Prestavimo v skledo in zmešamo s peteršiljem. V skledi dobro premešamo sestavine za preliv in prelijemo koruzna zrna.

Ko se časovnik ustavi, odstranite vrečko in jo prenesite v vročo ponev. Pražite 2 minuti na vsaki strani. Postrežemo na krožniku, pokrovače in solato. Okrasite z baziliko in rezino limone.

Okusne pokrovače z mangom

Čas priprave + kuhanje: 50 minut | Obroki: 4

Sestavine

1 funt velike pokrovače
1 žlica masla

<u>omaka</u>
1 žlica limoninega soka
2 žlici olivnega olja

<u>Okrasite</u>
1 žlica limetine lupinice
1 žlica pomarančne lupinice
1 skodelica na kocke narezanega manga
1 tanko narezana paprika Serrano
2 žlici sesekljanih listov mete

Navodila

Pokrovače položite v vrečko, ki jo je mogoče vakuumsko zapreti. Začinimo s soljo in poprom. Pustite, da se ohladi v hladilniku celo noč. Pripravite vodno kopel in vanjo postavite Sous Vide. Nastavite na 122 F. Izpustite zrak z metodo izpodrivanja vode, zaprite in vrečko potopite v vodno kopel. Kuhajte 15-35 minut.

Na srednjem ognju segrejte ponev. V skledi dobro premešamo sestavine za omako. Ko se časovnik ustavi, pokrovače odstranite in prenesite v ponev ter pražite, dokler ne porjavijo. Postrežemo v krožniku. Potresemo z omako in dodamo sestavine za okras.

Por in kozica z gorčično vinaigrette

Čas priprave + kuhanje: 1 ura 20 minut | Obroki: 4

jazsestavine

6 por
5 žlic oljčnega olja
Sol in črni poper po okusu
1 šalotka, mleta
1 žlica riževega kisa
1 žlička dijonske gorčice
1/3 funta kuhanih lovorovih kozic
Sesekljan svež peteršilj

Navodila

Pripravite vodno kopel in vanjo postavite Sous Vide. Nastavite na 183 F.

Poru odrežemo zgornji del in odstranimo spodnje dele. Operite jih v hladni vodi in pokapajte z 1 žlico olivnega olja. Začinimo s soljo in poprom. Postavite v vrečko, ki jo je mogoče vakuumsko zapreti. Izpustite zrak z metodo izpodrivanja vode, zaprite in vrečko potopite v vodno kopel. Kuhajte 1 uro.

Medtem za vinaigrette v skledi zmešajte šalotko, dijonsko gorčico, kis in 1/4 skodelice oljčnega olja. Začinimo s soljo in poprom. Ko se časovnik ustavi, odstranite vrečko in jo prenesite v kopel z ledeno vodo. Pustite, da se ohladi. Por damo na 4 krožnike in posolimo. Dodamo kozico in zalijemo z vinaigrette. Okrasite s peteršiljem.

Kokosova juha s kozicami

Čas priprave + kuhanje: 55 minut | Obroki: 6

Sestavine

8 velikih surovih kozic, olupljenih in brez žil

1 žlica masla

Sol in črni poper po okusu

Za juho

1 funt bučk

4 žlice limetinega soka

2 rumeni čebuli, sesekljani

1-2 majhna rdeča čilija, drobno sesekljana

1 steblo limonske trave, samo beli del, nasekljano

1 žlička paste iz kozic

1 žlička sladkorja

1½ skodelice kokosovega mleka

1 žlička tamarindove paste

1 skodelica vode

½ skodelice kokosove smetane

1 žlica ribje omake

2 žlici sveže bazilike, sesekljane

Navodila

Pripravite vodno kopel in vanjo postavite Sous Vide. Nastavite na 142 F. Postavite kozico in maslo v vrečko, ki jo je mogoče vakuumsko zapreti. Začinimo s soljo in poprom. Izpustite zrak z metodo izpodrivanja vode, zaprite in vrečko potopite v vodno kopel. Kuhajte 15-35 minut.

Medtem olupimo bučke in odstranimo semena. Sesekljajte na kocke. V sekljalnik dodajte čebulo, limonsko travo, čili, pasto iz kozic, sladkor in 1/2 skodelice kokosovega mleka. Mešajte do pireja.

Na nižjem ognju segrejte enolončnico in zmešajte čebulno mešanico, preostalo kokosovo mleko, tamarindovo pasto in vodo. Dodajte bučke in kuhajte 10 minut.

Ko se časovnik ustavi, odstranite kozico in jo preložite v juho. Stepite kokosovo smetano, limetin sok in baziliko. Postrežemo v jušnih skledah.

Medeni losos z rezanci Soba

Čas priprave + kuhanje: 40 minut | Obroki: 4

Sestavine

Losos

6 oz fileti lososa, s kožo
Sol in črni poper po okusu
1 žlička sezamovega olja
1 skodelica olivnega olja
1 žlica svežega ingverja, naribanega
2 žlici medu

Sezamova soba

4 oz suhih soba rezancev
1 žlica olja grozdnih pešk
2 stroka česna, sesekljana
½ glave cvetače
3 žlice tahinija
1 žlička sezamovega olja
2 žlici olivnega olja
¼ limete v soku
1 narezano steblo zelene čebule
¼ skodelice cilantra, grobo sesekljanega
1 žlička praženega maka

Rezine limete za okras
Sezamovo seme za okras
2 žlici sesekljanega cilantra

Navodila

Pripravite vodno kopel in vanjo postavite Sous Vide. Nastavite na 123 F. Lososa začinite s soljo in poprom. V skledi zmešajte sezamovo olje, oljčno olje, ingver in med. Lososa in mešanico položite v vrečko, ki jo je mogoče vakuumsko zapreti. Dobro pretresite. Izpustite zrak z metodo izpodrivanja vode, zaprite in vrečko potopite v vodno kopel. Kuhajte 20 minut.

Medtem pripravite soba rezance. V ponvi na močnem ognju segrejte olje grozdnih pečk in na njem 6-8 minut pražite cvetačo in česen. V skledi dobro zmešajte tahini, oljčno olje, sezamovo olje, limetin sok, koriander, zeleno čebulo in pražena sezamova semena. Rezance odcedimo in dodamo k cvetači.

Na močnem ognju segrejte ponev. Pokrijemo s peki papirjem. Ko se časovnik ustavi, odstranite lososa in ga prenesite v ponev. Pražimo 1 minuto. Rezance postrezite v dveh skledah in dodajte lososa. Okrasite z rezinami limete, makovimi semeni in cilantrom.

Gurmanski jastog z majonezo

Čas priprave + kuhanje: 40 minut | Obroki: 2

Sestavine

2 jastogova repa

1 žlica masla

2 sladki čebuli, sesekljani

3 žlice majoneze

Sol po okusu

Ščepec črnega popra

2 žlički limoninega soka

Navodila

Pripravite vodno kopel in vanjo postavite Sous Vide. Nastavite na 138 F.

V loncu segrevajte vodo na močnem ognju, dokler ne zavre. Odprite lupine jastogovega repa in jih potopite v vodo. Kuhajte 90 sekund. Prenesite v kopel z ledeno vodo. Pustite, da se ohladi 5 minut. Razpokajte lupine in odstranite repke.

Repke z maslom položite v vakuumsko zaprto vrečko. Izpustite zrak z metodo izpodrivanja vode, zaprite in vrečko potopite v vodno kopel. Kuhajte 25 minut.

Ko se časovnik ustavi, odstranite repke in jih posušite. Sedite na stran. Pustite, da se ohladi 30 minut. V skledi zmešajte majonezo, sladko čebulo, poper in limonin sok. Repe nasekljajte, dodajte majonezni mešanici in dobro premešajte. Postrezite s popečenimi kruhki.

Party koktajl s kozicami

Čas priprave + kuhanje: 40 minut | Obroki: 2

Sestavine

1 funt kozic, olupljenih in razrezanih
Sol in črni poper po okusu
4 žlice svežega kopra, sesekljanega
1 žlica masla
4 žlice majoneze
2 žlici zelene čebule, mleto
2 žlički sveže iztisnjenega limoninega soka
2 žlički paradižnikove mezge
1 žlica tabasco omake
4 podolgovate jedilne žemljice
8 listov zelene solate
½ limone, narezane na kolesca

Navodila

Pripravite vodno kopel in vanjo postavite Sous Vide. Nastavite na 149 F. Za začimbo dobro premešajte majonezo, zeleno čebulo, limonin sok, paradižnikovo mezgo in omako Tabasco. Začinimo s soljo in poprom.

Kozico in začimbe dajte v vrečko, ki jo je mogoče vakuumsko zapreti. V vsak zavitek dodajte 1 žlico kopra in 1/2 žlice masla. Izpustite zrak z metodo izpodrivanja vode, zaprite in vrečko potopite v vodno kopel. Kuhajte 15 minut.

Pečico segrejte na 400 F. in kuhajte večerne zvitke 15 minut. Ko se časovnik ustavi, odstranite vrečko in jo odcedite. Kozico damo v skledo s prelivom in dobro premešamo. Postrezite na vrhu solatnih zvitkov z limono.

Herby limonin losos

Čas priprave + kuhanje: 45 minut | Obroki: 2

Sestavine

2 fileja lososa brez kože
Sol in črni poper po okusu
¾ skodelice ekstra deviškega oljčnega olja
1 šalotka, narezana na tanke kolobarje
1 žlica listov bazilike, rahlo sesekljanih
1 žlička pimenta
3 oz mešanega zelenja
1 limona

Navodila

Pripravite vodno kopel in vanjo postavite Sous Vide. Nastavite na 128 F.

Lososa položite in začinite s soljo in poprom v vrečko, ki jo je mogoče vakuumsko zapreti. Dodajte kolobarje šalotke, oljčno olje, piment in baziliko. Izpustite zrak z metodo izpodrivanja vode, zaprite in vrečko potopite v vodno kopel. Kuhajte 25 minut.

Ko se časovnik ustavi, odstranite vrečko in prenesite lososa na krožnik. Sok od kuhanja zmešajte z nekaj limoninega soka in na vrh dodajte fileje lososa. Postrezite.

Slani masleni repki jastoga

Čas priprave + kuhanja: 1 ura 10 minut | Obroki: 2

Sestavine

8 žlic masla
2 repa jastoga, lupine odstranjene
2 vejici svežega pehtrana
2 žlici žajblja
Sol po okusu
Limonine rezine

Navodila

Pripravite vodno kopel in vanjo postavite Sous Vide. Nastavite na 134 F.

Jastogove repke, maslo, sol, žajbelj in pehtran dajte v vrečko, ki jo je mogoče vakuumsko zapreti. Izpustite zrak z metodo izpodrivanja vode, zaprite in vrečko potopite v vodno kopel. Kuhajte 60 minut.

Ko se časovnik ustavi, odstranite vrečko in prenesite jastoga na krožnik. Po vrhu potresemo maslo. Okrasite z rezinami limone.

Tajski losos s cvetačo in jajčnimi rezanci

Čas priprave + kuhanje: 55 minut | Obroki: 2

Sestavine

2 fileja lososa s kožo
Sol in črni poper po okusu
1 žlica oljčnega olja
4½ žlice sojine omake
2 žlici mletega svežega ingverja
2 na tanke rezine narezana tajska čilija
6 žlic sezamovega olja
4 oz pripravljenih jajčnih rezancev
6 oz kuhanih cvetov cvetače
5 žličk sezamovih semen

Navodila

Pripravite vodno kopel in vanjo postavite Sous Vide. Nastavite na 149 F. Pripravite pekač, obložen z alu folijo in položite lososa, začinite s soljo in poprom ter pokrijte z drugo alu folijo. Pečemo v pečici 30 minut.

Pečenega lososa odstranite v vrečko, ki jo je mogoče vakuumsko zapreti. Izpustite zrak z metodo izpodrivanja vode, zaprite in vrečko potopite v vodno kopel. Kuhajte 8 minut.

V skledi zmešajte ingver, čili, 4 žlice sojine omake in 4 žlice sezamovega olja. Ko se časovnik ustavi, odstranite vrečko in prenesite lososa v skledo z rezanci. Okrasite s popečenimi semeni in lososovo kožo. Potresemo z ingverjevo-čilijevo omako in postrežemo.

Lahki brancin s koprom

Čas priprave + kuhanje: 35 minut | Obroki: 3

Sestavine

1 funt čilskega brancina brez kože
1 žlica oljčnega olja
Sol in črni poper po okusu
1 žlica kopra

Navodila

Pripravite vodno kopel in vanjo postavite Sous Vide. Nastavite na 134 F. Brancina začinite s soljo in poprom ter ga položite v vrečko, ki jo je mogoče vakuumsko zapreti. Dodajte koper in olivno olje. Izpustite zrak z metodo izpodrivanja vode, zaprite in vrečko potopite v vodno kopel. Kuhajte 30 minut. Ko se časovnik ustavi, odstranite vrečko in brancina preložite na krožnik.

Cvrtje s kozicami sladkega čilija

Čas priprave + kuhanje: 40 minut | Obroki: 6

Sestavine

1½ funta kozic
3 posušeni rdeči čiliji
1 žlica naribanega ingverja
6 strokov česna, strtih
2 žlici šampanjskega vina
1 žlica sojine omake
2 žlici sladkorja
½ žličke koruznega škroba
3 zelene čebule, sesekljane

Navodila

Pripravite vodno kopel in vanjo postavite Sous Vide. Nastavite na 135 F.

Zmešajte ingver, stroke česna, čili, šampanjec, sladkor, sojino omako in koruzni škrob. Olupljene kozice z mešanico damo v vakuumsko zaprto vrečko. Izpustite zrak z metodo izpodrivanja vode, zaprite in potopite v vodno kopel. Kuhajte 30 minut.

Zeleno čebulo dajte v ponev na srednji ogenj. Dodajte olje in kuhajte 20 sekund. Ko se časovnik ustavi, odstranite kuhane kozice in jih preložite v skledo. Okrasite s čebulo. Postrezite z rižem.

Sadna tajska kozica

Čas priprave + kuhanje: 25 minut | Obroki: 4

Sestavine

2 funta kozic, olupljenih in razrezanih
4 kosi olupljene in narezane papaje
2 šalotki, narezani
¾ skodelice češnjevih paradižnikov, prepolovljenih
2 žlici sesekljane bazilike
¼ skodelice praženih suhih arašidov

Tajski preliv

¼ skodelice limetinega soka
6 žlic sladkorja
5 žlic ribje omake
4 stroki česna
4 manjši rdeči čili

Navodila

Pripravite vodno kopel in vanjo postavite Sous Vide. Nastavite na 135 F. Kozico postavite v vrečko, ki jo je mogoče vakuumsko zapreti. Izpustite zrak z metodo izpodrivanja vode, zaprite in vrečko potopite v vodno kopel. Kuhajte 15 minut. V skledi dobro zmešajte limetin sok, ribjo omako in sladkor. Česen in čili pretlačite. Dodajte mešanici za preliv.

Ko se časovnik ustavi, vzemite kozico iz vrečke in jo preložite v skledo. Dodajte papajo, Thainsko baziliko, šalotko, paradižnik in arašide. Glaziramo s prelivom.

Jed z limoninimi kozicami v dublinskem slogu

Čas priprave + kuhanje: 1 ura 15 minut | Obroki: 4

Sestavine

4 žlice masla

2 žlici limetinega soka

2 stroka svežega česna, nasekljana

1 žlička sveže limetine lupinice

Sol in črni poper po okusu

1 funt jumbo kozic, olupljenih in brez žil

½ skodelice panko drobtin

1 žlica svežega peteršilja, mletega

Navodila

Pripravite vodno kopel in vanjo postavite Sous Vide. Nastavite na 135 F.

V ponvi na srednjem ognju segrejte 3 žlice masla in dodajte limetin sok, sol, poper, česen in lupinico. Pustite, da se ohladi 5 minut. Kozico in mešanico dajte v vakuumsko zaprto vrečko. Izpustite zrak z metodo izpodrivanja vode, zaprite in vrečko potopite v vodno kopel. Kuhajte 30 minut.

Medtem v ponvi na srednji temperaturi segrejemo maslo in popečemo panko drobtine. Ko se časovnik ustavi, odstranite kozico in jo prestavite v vroč lonec na močan ogenj ter kuhajte s sokom od kuhanja. Postrezite v 4 jušne sklede in potresite z drobtinami.

Sočne pokrovače s čili česnovo omako

Čas priprave + kuhanje: 75 minut | Obroki: 2

Sestavine

2 žlici rumenega curryja
1 žlica paradižnikove paste
½ skodelice kokosove smetane
1 žlička čili česnove omake
1 žlica limoninega soka
6 pokrovač
Kuhan rjavi riž, za serviranje
Svež cilantro, sesekljan

Navodila

Pripravite vodno kopel in vanjo postavite Sous Vide. Nastavite na 134 F.

Zmešajte kokosovo smetano, paradižnikovo pasto, kari v prahu, limetin sok in čili-česnovo omako. Mešanico s pokrovačami dajte v vakuumsko zaprto vrečko. Izpustite zrak z metodo izpodrivanja vode, zaprite in vrečko potopite v vodno kopel. Kuhajte 60 minut.

Ko se časovnik ustavi, odstranite vrečko in preložite na krožnik. Postrezite rjavi riž in ga potresite s pokrovačami. Okrasite s cilantrom.

Curry kozica z rezanci

Čas priprave + kuhanje: 25 minut | Obroki: 2

Sestavine

1 funt kozic, z repom
8 oz rezanci vermicelli, kuhani in odcejeni
1 žlička riževega vina
1 žlička karija v prahu
1 žlica sojine omake
1 zelena čebula, narezana
2 žlici rastlinskega olja

Navodila

Pripravite vodno kopel in vanjo postavite Sous Vide. Nastavite na 149 F. Postavite kozico v vrečko, ki jo je mogoče vakuumsko zapreti. Izpustite zrak z metodo izpodrivanja vode, zaprite in vrečko potopite v vodno kopel. Kuhajte 15 minut.

V ponvi na srednjem ognju segrejte olje in dodajte riževo vino, curry in sojino omako. Dobro premešamo in združimo rezance. Ko se časovnik ustavi, odstranite kozico in jo prestavite v mešanico rezancev. Okrasite z zeleno čebulo.

Okusna kremasta polenovka s peteršiljem

Čas priprave + kuhanje: 40 minut | Obroki: 6

Sestavine

<u>Za trsko</u>

6 filejev trske

Sol po okusu

1 žlica oljčnega olja

3 vejice svežega peteršilja

<u>Za omako</u>

1 skodelica belega vina

1 skodelica pol-pol smetane

1 drobno sesekljana bela čebula

2 žlici sesekljanega kopra

2 žlički črnega popra v zrnu

Navodila

Pripravite vodno kopel in vanjo postavite Sous Vide. Nastavite na 148 F.

Fileje polenovke, začinjene s soljo, položite v vrečke, ki jih je mogoče vakuumsko zapreti. Dodamo olivno olje in peteršilj. Izpustite zrak z metodo izpodrivanja vode, zaprite in vrečko potopite v vodno kopel. Kuhajte 30 minut.

Na srednjem ognju segrejte ponev, dodajte vino, čebulo, črni poper in kuhajte, dokler ne zmanjka. Smetano pol-pol vmešamo dokler se ne zgosti. Ko se časovnik ustavi, na krožnike položite ribe in jih pokapljajte z omako.

Francoski Pot de Rillettes z lososom

Čas priprave + kuhanje: 2 uri 30 minut | Obroki: 2

Sestavine

½ funta lososovih filejev brez kože
1 žlička morske soli
6 žlic masla
1 čebula, sesekljana
1 strok česna, mlet
1 žlica limetinega soka

Navodila

Pripravite vodno kopel in vanjo postavite Sous Vide. Nastavite na 130 F. Postavite lososa, nesoljeno maslo, morsko sol, stroke česna, čebulo in limonin sok v vrečko, ki jo je mogoče vakuumsko zapreti. Izpustite zrak z metodo izpodrivanja vode, zaprite in vrečko potopite v vodno kopel. Kuhajte 20 minut.

Ko se časovnik ustavi, odstranite lososa in ga preložite v 8 majhnih skledic. Začinimo s kuharskimi sokovi. Pustite, da se ohladi v hladilniku 2 uri. Postrezite z rezinami toast kruha.

Žajbljev losos s kokosovim krompirjevim pirejem

Čas priprave + kuhanje: 1 ura 30 minut | Obroki: 2

Sestavine

2 fileja lososa, s kožo
2 žlici olivnega olja
2 vejici žajblja
4 stroki česna
3 krompirje, olupljene in narezane
¼ skodelice kokosovega mleka
1 šopek mavrične blitve
1 žlica naribanega ingverja
1 žlica sojine omake
Morska sol po okusu

Navodila

Pripravite vodno kopel in vanjo postavite Sous Vide. Nastavite na 122 F. Postavite lososa, žajbelj, česen in olivno olje v vrečko, ki jo je mogoče vakuumsko zapreti. Izpustite zrak z metodo izpodrivanja vode, zaprite in vrečko potopite v vodno kopel. Kuhajte 1 uro.

Pečico segrejte na 375 F. Krompir premažite z oljem in pecite 45 minut. Krompir prenesite v blender in dodajte kokosovo mleko. Začinimo s soljo in poprom. Mešajte 3 minute, dokler ni gladka.

V ponvi na zmernem ognju segrejte olivno olje in na njem prepražite ingver, blitvo in sojino omako.

Ko se časovnik ustavi, odstranite lososa in ga prenesite v vročo ponev. Pražimo 2 minuti. Prenesite na krožnik, dodajte krompirjev pire in prelijte z ogljem za serviranje.

Dill Baby Octopus Bowl

Čas priprave + kuhanje: 60 minut | Obroki: 4

Sestavine

1 funt mlade hobotnice
1 žlica oljčnega olja
1 žlica sveže iztisnjenega limoninega soka
Sol in črni poper po okusu
1 žlica kopra

Navodila

Pripravite vodno kopel in vanjo postavite Sous Vide. Nastavite na 134 F. Postavite hobotnico v vrečko, ki jo je mogoče vakuumsko zapreti. Izpustite zrak z metodo izpodrivanja vode, zaprite in vrečko potopite v vodno kopel. Kuhajte 50 minut. Ko se časovnik ustavi, odstranite hobotnico in jo posušite. Hobotnico zmešajte z nekaj olivnega olja in limoninega soka. Začinimo s soljo, poprom in koprom.

Slani losos v holandski omaki

Čas priprave + kuhanje: 1 ura 50 minut | Obroki: 4

jazsestavine

4 fileje lososa

Sol po okusu

<u>Holandska omaka</u>

4 žlice masla

1 rumenjak

1 žlička limoninega soka

1 žlička vode

½ na kocke narezane šalotke

Ščepec paprike

Navodila

Lososa posolimo. Pustite, da se ohladi 30 minut. Pripravite vodno kopel in vanjo postavite Sous Vide. Nastavite na 148 F. Vse sestavine omake postavite v vrečko, ki jo je mogoče vakuumsko zapreti. Izpustite zrak z metodo izpodrivanja vode, zaprite in vrečko potopite v vodno kopel. Kuhajte 45 minut.

Ko se časovnik ustavi, odstranite vrečko. Dati na stran. Znižajte temperaturo Sous Videa na 120 F in postavite lososa v vrečko, ki jo je mogoče vakuumsko zapreti. Izpustite zrak z metodo izpodrivanja vode, zaprite in vrečko potopite v vodno kopel. Kuhajte 30 minut. Omako prestavimo v blender in mešamo do svetlo rumene barve. Ko se časovnik ustavi, odstranite lososa in ga posušite. Postrežemo prelito z omako.

Čudovit limonin losos z baziliko

Čas priprave + kuhanje: 35 minut | Obroki: 4

Sestavine

2 funta lososa

2 žlici olivnega olja

1 žlica sesekljane bazilike

Lupina 1 limone

Sok 1 limone

¼ žličke česna v prahu

Morska sol in črni poper po okusu

Navodila

Pripravite vodno kopel in vanjo postavite Sous Vide. Nastavite na 115 F. Lososa položite v vrečko, ki jo je mogoče vakuumsko zapreti. Izpustite zrak z metodo izpodrivanja vode, zaprite in vrečko potopite v vodno kopel. Kuhajte 30 minut.

Medtem v skledi dobro zmešajte poper, sol, baziliko, limonin sok in česen v prahu, dokler se ne emulgira. Ko se časovnik ustavi, odstranite lososa in ga preložite na krožnik. Sokove za kuhanje prihranite. V ponvi na močnem ognju segrejte olivno olje in prepražite rezine česna. Česen odstavimo. V ponev dajte lososa in ga kuhajte 3 minute, dokler ne zlato porumeni. Obložite in na vrh položite rezine česna.

Jajčni grižljaji z lososom in šparglji

Čas priprave + kuhanje: 70 minut | Obroki: 6

Sestavine

6 celih jajc

¼ skodelice crème fraiche

¼ skodelice kozjega sira

4 kosi špargljev

2 oz dimljenega lososa

2 oz chèvre sira

½ oz mlete šalotke

2 žlici sesekljanega, svežega kopra

Sol in črni poper po okusu

Navodila

Pripravite vodno kopel in vanjo postavite Sous Vide. Nastavite na 172 F. Zmešajte jajca, crème fraiche, kozji sir in sol. Šparglje narežemo na kocke in dodamo v mešanico s šalotko. Lososa narežemo in prav tako dodamo v skledo. Dodajte koper. Dobro kombinirajte.

Dodajte mešanico jajc in lososa v 6 kozarcev. V kozarce dodajte 1/6 chevre, zaprite in potopite kozarce v vodno kopel. Kuhajte 60 minut. Ko se časovnik ustavi, odstranite kozarce in jih prelijte s soljo.

Garlicky gorčična kozica

Čas priprave + kuhanje: 2 uri 45 minut | Obroki: 2

Sestavine

½ žličke rumenih gorčičnih semen

¼ žličke semen zelene

½ žličke rdeče paprike

½ žličke koriandrovih semen

½ žličke semen komarčka

¾ skodelice oljčnega olja

½ skodelice sveže iztisnjenega limoninega soka

4 žlice riževega kisa

Sol in črni poper po okusu

1 lovorjev list

1 žlica začimb Old Bay

2 stroka česna, zelo tanko narezana

1 funt deveined kozic

½ rumene čebule, narezane na tanke rezine

Navodila

Pripravite vodno kopel in vanjo postavite Sous Vide. Nastavite na 149 F.

Na zmernem ognju segrejte ponev in prepražite gorčična semena, kosmiče rdeče paprike, zeleno, koromač in semena koriandra. Kuhajte do poka. Odstavimo in pustimo, da se ohladi.

V kozarec za konzerviranje vlijemo oljčno olje, limonin sok, prepražene začimbe, črni poper, rižev kis, lovorjev list, strok česna in začimbe. Zapremo in kozarce potopimo v vodno kopel. Kuhajte 30 minut.

Ko se časovnik ustavi, odstranite kozarce in pustite, da se ohladijo 5 minut. Prenesite v kopel z ledeno vodo za hlajenje. Preden postrežete, za 2 uri postavite v hladilnik.

Okusna sirnata rižota z jastogom

Čas priprave + kuhanje: 55 minut | Obroki: 4

Sestavine

1 visok jastog, brez oklepa

Sol in črni poper po okusu

6 žlic masla

2½ skodelice piščančje juhe

¾ skodelice riža Arborio

2 žlici rdečega vina

¼ skodelice naribanega sira Grana Padano

2 mleta drobnjaka

Navodila

Pripravite vodno kopel in vanjo postavite Sous Vide. Nastavite na 138 F. Jastoga začinite s soljo in poprom ter ga položite v vrečko, ki jo je mogoče vakuumsko zapreti, s 3 žlicami masla. Izpustite zrak z metodo izpodrivanja vode, zaprite in vrečko potopite v vodno kopel. Kuhajte 25 minut.

V ponvi na zmernem ognju segrejte 3 žlice masla in skuhajte riž. Primešajte 1/4 skodelice piščančje juhe. Nadaljujte s kuhanjem, dokler zaloga ne izpari. Dodajte še 1/4 skodelice piščančje juhe. Postopek ponavljamo 15 minut, dokler riž ni kremast.

Ko se časovnik ustavi, jastoga odstranite in narežite na koščke. Rižu dodajte jastoga. Vmešajte preostalo piščančjo osnovo in rdeče vino. Kuhajte, dokler se tekočina ne vpije. Po vrhu potresemo s sirom Grana Padano in začinimo s soljo in poprom. Okrasite z drobnjakom in še sirom.

Lahka vegetarijanska fritaja

Čas priprave + kuhanje: 1 ura 40 minut | Obroki: 5

Sestavine

1 žlica oljčnega olja

1 srednja čebula, sesekljana

Sol po okusu

4 stroki mletega česna

1 daikon, olupljen in narezan na kocke

2 korenčka, olupljena in narezana na kocke

1 pastinak, olupljen in narezan na kocke

1 skodelica maslene buče, olupljene in narezane na kocke

6 oz narezane gobe ostrige

¼ skodelice peteršiljevih listov, sveže mletih

Ščepec kosmičev rdeče paprike

5 velikih jajc

¼ skodelice polnomastnega mleka

Navodila

Pripravite vodno kopel in vanjo postavite Sous Vide. Nastavite na 175 F. Nekaj kozarcev namažite z oljem. Dati na stran.

Na močnem ognju segrejte ponev z oljem. Dodajte čebulo znoj za 5 minut. Dodamo česen in kuhamo 30 sekund. Posolimo. Zmešajte korenje, daikon, bučo in pastinak. Začinimo s soljo in kuhamo še 10 minut. Dodamo gobe in začinimo s poprom in peteršiljem. Kuhajte 5 minut.

V skledi stepemo jajca in mleko, posolimo. Zmes razdelite med kozarce z zelenjavo. Zapremo in kozarce potopimo v vodno kopel. Kuhajte 60 minut. Ko se časovnik ustavi, odstranite kozarce. Ohladimo in postrežemo.

Sendvič z avokadom in jajcem

Čas priprave + kuhanje: 70 minut | Obroki: 4

Sestavine:

8 rezin kruha
4 jajca
1 avokado
1 žlička paprike
4 žličke holandske omake
1 žlica sesekljanega peteršilja
Sol in črni poper po okusu

navodila:

Pripravite vodno kopel in vanjo postavite Sous Vide. Nastavite na 145 F. Izdolbite meso avokada in ga pretlačite. Primešamo omako in začimbe. Jajca položite v vrečko, ki jo je mogoče vakuumsko zapreti. Izpustite zrak z metodo izpodrivanja vode, zaprite in vrečko potopite v vodno kopel. Nastavite časovnik na 1 uro.

Ko je končano, takoj postavite v ledeno kopel, da se ohladi. Olupite in narežite jajca. Polovico jajčnih rezin namažite z avokadovo kašo in na vrh položite jajčne rezine. Na vrh položite preostale rezine kruha.

www.ingramcontent.com/pod-product-compliance
Lightning Source LLC
Chambersburg PA
CBHW070355120526
44590CB00014B/1140